中华优秀传统道德文化的创新性发展研究

创新性发展研究

万海玲　朱慧　著

延边大学出版社

U0594081

图书在版编目（CIP）数据

中华优秀传统道德文化的创新性发展研究 / 万海玲，
朱慧著 . -- 延吉 : 延边大学出版社 , 2023.1
ISBN 978-7-230-04481-3

Ⅰ.①中… Ⅱ.①万… ②朱… Ⅲ.①中华文化—研
究 Ⅳ.① K203

中国版本图书馆 CIP 数据核字（2023）第 034098 号

中华优秀传统道德文化的创新性发展研究

著　　者：万海玲　朱　慧
责任编辑：张海涛
封面设计：文合文化
出版发行：延边大学出版社
社　　址：吉林省延吉市公园路 977 号　　邮　编：133002
网　　址：http://www.ydcbs.com　　E-mail：ydcbs@ydcbs.com
电　　话：0433-2732435　　传　真：0433-2732434
印　　刷：天津市天玺印务有限公司
开　　本：787 毫米 × 1092 毫米　　1/16
印　　张：8
字　　数：200 千字
版　　次：2023 年 1 月第 1 版
印　　次：2024 年 3 月第 2 次印刷
书　　号：ISBN 978-7-230-04481-3

定　　价：59.00 元

前　言

　　传统道德文化是中华民族数千年智慧的积淀与凝练，深刻影响和塑造了中华民族的价值观念和行为方式，并在新的历史发展阶段持续滋养着中华民族的精神世界。在中国特色社会主义建设事业迈入新时代的今天，坚定文化自信，建设文化强国，深刻洞悉中华优秀传统道德文化价值体系的现代逻辑，是实现中华民族伟大复兴的时代课题。

　　中华优秀传统道德文化既塑造了中华民族的精神面貌和精神内涵，又深刻地引领和指导着中华民族的发展方向。在社会主义核心价值观的指导下，我们要继承和发展中华优秀传统道德文化，肩负起中华优秀传统道德文化的创新使命，实现中华优秀传统道德文化的创造性转化和创新性发展。

　　本书从道德文化教育的发展路径出发，根据现代中国对优秀传统道德文化的要求，提出了加强传统道德文化教育、注重对传统道德文化的继承和发展、尊重个体差异性、营造良好的传统道德文化氛围、合理利用现代化技术等创新手段，希望利用中华优秀道德文化来提升人的道德素养。

　　要想实现中华优秀传统道德文化的创造性转化和创新性发展，就要坚持马克思主义的立场、观点和方法，坚持"以古鉴今""古为今用"，推陈出新，根据时代的要求，系统梳理中华传统道德文化资源，取其精华，对中华传统道德文化的内涵加以补充、拓展和完善。加强对中华优秀传统道德文化的挖掘和阐发，使中华民族最基本的道德文化基因与当代文化相适应、与现代社会相协调，弘扬跨越时空、超越国界、富有永恒魅力、具有当代价值的道德文化精神。推动中华文明的创造性转化和创新性发展，激活其生命力，让中华文明同世界各国人民创造的丰富多彩的文明一道，为人类提供正确的精神指引。将中华优秀传统道德文化和当代中国的实际情况与时代特征紧密结合起来，赋予中华优秀传统道德文化新的时代内涵，以适应改革开放和现代化建设的需要，从而构建中国特色社会主义道德文化，构建全体中国人民认同的社会主义核心价值观，不断增强我国的道德文化软实力，使之成为推动我国社会进步的强大动力。

目　录

第一章　道德文化教育的发展路径

　　道德文化，是以文化为基本形式、媒介和载体的道德活动和道德现象，蕴含于不同的文化载体，如大众传媒、校园文化中具有影响道德规范的因素，其核心是道德价值和道德精神。一切社会道德规范、个体道德品质及社会道德风尚都是道德文化影响的结果；道德文化是青少年道德社会化、人格化的主渠道和基本载体，社会道德和个体品德、品格的形成，都是通过或借助不同的道德文化途径来实现的。

　　中国传统文化折射出夺目的中国民族文化的光芒，在令世界为之倾倒的同时，也在引导后人将这种积极的传统文化发扬光大，而道德文化则是中国传统文化中的核心内容之一。中华传统道德文化，是中华民族世代积累下来的，具有相对稳定性的道德、伦理、价值等思想观念、行为准则的综合体。其基本内容是长期存在的社会政治制度、经济制度、价值观念、道德思想和生活方式。

　　道德文化教育具有追求真、善、美的显著特征，它以文化为载体，建构一种道德事实，孕育一种道德情感，彰显一种道德关怀，秉持一种道德价值，追求一种道德自觉，实现对学校全体师生员工道德发展、德性建构的期待。道德文化教育的对象是学生，其在不同环境中具有不同的身份，在校园里，其是学生；在家庭里，其是父母的孩子。

　　本章从学校、社会、家庭三个层面阐述道德文化教育的发展路径，第一节、第二节的研究对象主要是接受道德文化教育的学生；第三节的环境变成了家庭，因此，此处的研究对象转变成接受道德文化教育的孩子更为贴切、恰当。

第一节 积极引导学校道德文化教育的发展方向

要使道德文化教育真正产生实效，政府的积极作为是必不可少的。教育是政府工作的一个重要组成部分，既需要各级政府对其实施正确的领导，又需要各级政府的支持，为其创造良好的内部、外部的条件，营造理想的环境。

一、加强对学校道德文化教育的领导

"全面贯彻党的教育方针，坚持立德树人，加强社会主义核心价值体系教育，完善中华优秀传统文化教育，形成爱学习、爱劳动、爱祖国活动的有效形式和长效机制""增强学生社会责任感、创新精神、实践能力""改进美育教学，提高学生审美和人文素养""大力促进教育公平"等深化教育领域综合改革的决定，实际上也是道德文化教育的目标，为各级党委、政府规定了推进道德文化教育的任务。而各级党委、政府以及教育行政部门要实现这些道德文化教育的目标，就必须加强对学校和学生的道德文化教育的领导。

（一）明确提出实施道德文化教育领导的目标

各级党委、政府以及教育行政部门必须根据国家关于道德文化教育的方针政策，深入调研辖区内学校的道德文化教育现状，及时发现道德文化教育方面的问题，把落实国家各项道德文化教育和解决学校道德文化教育工作中的突出问题列为长期目标；要确立定期调查、研究、检查、反思学校的道德文化教育工作的制度，坚持和完善主要领导联合学校共同进行道德文化教育工作的制度，主要领导定期到学校与校领导、师生一起研究和解决道德文化教育中出现的问题；还要建立学校道德文化教育工作的评估制度，并把道德文化教育工作作为评价一个地区教育工作情况的重要内容。

为了加强对学校道德文化教育工作的领导，切实解决学校道德文化教育中出现的问题，应成立由办公部门、宣传部门、教育行政部门、广电部门、报社、团委、工会、妇联等组成的学校道德文化教育工作协调小组。协调小组的主要职责是协调有关部门的相关力量，形成抓学校道德文化教育工作的合力，对辖区内学校的道德文化教育工作进行指导、检查、督促，就加强和改进学校道德文化教育工作的重大问题提出建议；有时还需要针对具体的问题，进行专题研讨、会办，明确各自的分工和职责，限期解决问题。有了这样的机制，才能有效地解决学校出现的道德文化教育方面的问题。

（二）发挥法律制度在道德文化教育中的作用

道德文化教育工作在一定程度上体现了许多法规、制度，对于一些屡禁不止的背离道德文化规范的事件，如果离开了法律的约束，单纯依靠语言说教会显得苍白无力。大量道德文化教育的实践表明，要想有效推进道德文化教育工作，在坚持社会主义核心价值观引导的同时，必须普及社会主义的法律制度，如《中华人民共和国义务教育法》《中华人民共和国未成年人保护法》《中华人民共和国教师法》等，对于学生的道德文化教育都有一定的推动作用。强化学校的道德文化教育，更需要严格执行这些法律、法规，坚持依法办事。

各级党委、政府必须运用法律武器保护学生，促进学生道德文化素养的培养；要广泛宣传、认真执行相关法律法规，切实保障学生的合法权益。有关部门要采取严厉措施，打击教唆学生违背道德文化规范的违法犯罪活动。对学校周边的文化、娱乐等商业经营场所和活动要进行严格的监督、管理，坚决取缔有碍学生道德文化素养培养和扰乱学校正常教学秩序的场所和活动。

各级党委、政府不仅要在方针和政策的制定与执行、环境整治、法律制度普及等方面有所作为，还要发挥优势，在学校和学生的道德文化教育方面多办实事，如开发地方丰富的道德文化教育资源、积极营造理想的道德文化教育氛围、建设各项与道德文化教育配套的道德文化设施、根据自身的财力和学校道德文化教育的实际需要增加教育经费的投入等。

二、努力提高学校道德文化教育的质量

各级党委、政府必须明确提出道德文化教育的目标,指导和督查学校组织、开展道德文化教育,要坚持把道德文化教育的目标、要求和任务落到实处,努力提高教育质量。

(一)提出学校提高道德文化教育质量的目标

学校教育是人才培养的系统工程,也是未来的社会主义事业的建设需要,党和政府对此都负有不可推卸的责任。道德文化教育是为未来的国家建设事业培养合格人才的最基本的教育,也是一项为学生未来定向的事业。各级政府只有把提高学校的道德文化教育质量作为一件大事来抓,才能有效保证人才培养的质量。

要构建明确的道德文化教育目标体系。要从地方政府、教育行政部门、学校、社区、家庭等各个层面,分解道德文化教育的目标,从道德文化教育的实际需要出发,把具体的目标落实到各个层面的成员头上。这种目标还需要有中长期规划,保证即使出现更换领导者的情况,也能确保这些道德文化教育目标的连贯性。同时,还要考虑这种目标体系的可操作性,要让不同层面的人知道需要做什么和怎样做。

要制定并实施道德文化教育目标的检测体系。要想解决道德文化教育的目标与道德文化教育的具体实际相脱离的问题,有效检测这些针对各个层面的实际情况所提出的目标的落实情况就显得尤为重要。对道德文化教育目标实施检测的过程,从本质上说,是一种对道德文化教育进行评价、促进的过程,也是对每一个层面的当事人在道德文化教育方面的工作实绩进行考核的过程。因此,检测的标准必须体现科学性,检测过程必须规范化,检测人员必须认真负责。只有保证对道德文化教育目标的整个考核评价过程的公平合理、实事求是,才能对道德文化教育工作起到比较好的推动作用。

道德文化教育目标要体现与时俱进的精神。社会在发展,学生的情况在变化,道德文化教育的目标也需要体现原则性和灵活性相结合的要求。提出的道德文化教育目标要体现时代性,就要求各级党委、政府,特别是学校各级党组织能深刻领会党和国家对于学生的道德文化教育的总体目标,再研究和反思已

经提出的近期具体的道德文化教育目标，找出存在的差距，然后进行修订；还要调研所属学校和学生的道德文化教育现状、问题、需求，根据"一切为了学生"的基本教育理念，对现有的道德文化教育目标进行调整。只有有了与时俱进的道德文化教育目标的引领，才能确保学校道德文化教育的健康、有序、有效地推进。

（二）改革学校道德文化教育的内容

因为道德文化教育不同于一般文化课程的教学，也不应完全拘泥于教材上的有限内容，所以要提高学校道德文化教育的质量，就需要解决教育内容上的问题。

首先，要坚持中国特色社会主义学校的道德文化教育方向，使道德文化教育的内容在保证人才的培养质量、促进学生的全面发展方面起到决定性作用。必须全面贯彻党和国家的教育方针，在继承和发扬道德文化教育优良传统的基础上，适应不断发展变化的新情况，赋予道德文化教育具有时代特点的新内容、新方法。

其次，要坚持从实际出发，遵循学生的身心发展规律。要分层次地确定道德文化教育的内容，对学生进行基本思想观念、基本道德、基础文明行为教育，培养他们良好的个性心理品质和道德文化素养，使教育内容能够体现培养"有理想、有道德、有文化、有纪律"的一代新人的精神。

最后，要加强学校道德文化教育资源的开发和利用，特别是要结合学校校本课程的建设。专门组织人员开发以"道德文化教育"为主题的校本课程，有意识地增加接地气的、源于生活的道德文化教育内容，以增加道德文化教育的社会适应性。

三、增加对学校道德文化教育设施的投资

（一）通过教育投入推进教育的均衡和公平

政府的教育投入促进了教育水平的提高。近年来，随着教育投资政策的调整，政府在推进教育公平和均衡发展方面做了许多工作，取得了一些好的效

果。国家财政对教育领域的宏观调控是中央政府对贫困地区教育事业予以支持的重要手段，政府利用转移支付手段开展的教育投资重在扶持贫困、边远地区和县以下农村地区的基础教育，改善教学条件，从根本上解决这些地区儿童就学的问题。

加强道德文化教育基地的建设。各级政府要将校外道德文化教育基地建设纳入政府精神文明建设的总体规划，为学生参加生产劳动和社会实践创造条件。学校要依托企业和社会公益性场所组织学生参加劳动实践锻炼。有关部门所属的少年宫（站、中心）、图书馆、文化馆、艺术馆、博物馆、科技馆、体育场馆等校外教育机构和各级爱国主义教育基地，都要尽可能地免费向学生开放。社会各方面要为学校开展社会实践活动提供支持，政府还要为这些基地的建设增加财政投入，力求为学校、学生提供高质量、高水平的服务。

加大对道德文化教育的经费投入。各级政府和教育行政部门每年应该根据学校道德文化教育工作的实际情况，安排一定数额的专项经费，将其列入财政预算，并保证将其　主要用于加强学校道德文化教育的环境建设、设备购置、队伍培训、理论研究，组织学生参加社会实践及其他大型道德文化教育活动。有了这种特定的专项经费保证，才能充分发挥现代教育技术手段在道德文化教育工作中的作用。

（二）加强教育投资的法律制度建设以确保措施落实到位

调控教育管理行为需要运用法律手段，用制度保障教育事业的发展。这是依法治教的必然要求，是实现依法治国，推动经济持续、快速、健康发展和社会全面进步的重要举措。

教育投资主体应用法律法规来规范，只靠政策手段是不能从根本上解决上述问题的。必须确立相应的法律规范，用法律的手段确定义务教育承担主体，明确各级政府的义务与责任，规范国家、社会、部门和个人的行为。在教育经费的使用管理上，除强化教育经费切块安排外，在小学、初中、高中等不同教育层次还应有法定的分配比例，杜绝当地教育部门对教育专款分配的随意性，要使教育投资与社会需要在法律的保证下协调发展。

学校道德文化教育工作是一项复杂的社会工程，它不仅需要全校上下的群策群力，更需要政府和相关部门的正确领导、全力支持和密切配合。因此，政府必须强化服务职能,根据学校道德文化教育的需要研究和制定道德文化教育的专项投资方案。

四、将道德文化教育列入学校的考核内容

(一)加大对学校道德文化教育的考核力度

要将学校道德文化教育工作列入校长任期责任目标,每年定期研究,检查学校的道德文化教育工作。对于中小学校,建立中小学校党组织领导的校长负责制,是坚持为党育人、为国育才,保证党的教育方针和党中央决策部署在中小学校得到贯彻落实的必然要求。建立和落实中小学校党组织领导的校长负责制执行情况报告制度,学校党组织要结合年度考核结果向上级党组织报告执行情况,学校领导班子成员要在民主生活会、述职评议、年度工作总结中报告个人执行情况。

深入推进管办评分离,扩大省级政府教育统筹权和学校办学自主权,完善学校的内部治理结构。强化国家教育督导,委托社会组织开展教育评估监测。省级教育督导部门要强化对市、县政府履行相应职责的督导;要把督导检查结果作为评价政府履职行为的重要依据,对发现的问题要强化问责、限期整改。利用政府或教育行政部门组织的督导、视导工作的契机,把对学校道德文化教育工作的督查、考核、评价作为其中的重要内容,必要时,可以根据学校道德文化教育的突出问题或政府的道德文化教育工作的关注热点,开展对学校的专项督导工作,以推进学校的道德文化教育工作。当然,督导只是一种手段,要真正解决问题还是要依靠学校的师生,因此,在开展督导工作之前,必须事先把意图充分地告知校方,让他们早做准备。必要时,可以在开学或年初就把督导道德文化教育工作的目标和要求通知到每一所学校、每一位教师,让他们在制订道德文化教育工作计划、组织开展道德文化教育活动时,就有被督导的意识,这样才能以督导的形式,促进学校道德文化教育工作。

(二)定期组织对学校领导班子道德文化教育情况的考评

学校领导班子成员,尤其是书记、校长的选配,要把道德文化修养作为一

条重要的考查内容。学校要努力建设一支"守信念、讲奉献、有本领、重品行"和"政治坚定、精通业务、通晓教育、善于管理"的教育教学管理队伍。加强学校领导班子的思想道德建设，完善培养选拔、教育培训、考核评价、激励保障机制，加强任期考核，推动学校领导人员履职尽责、潜心育人、清正廉洁。要重视对校长工作的全程考评，特别是要把道德文化教育的工作情况作为一条主要的评价指标列入考核体系。要重视发挥学校的民主集中制、民主生活会、教职工代表大会、校务公开等制度的作用，不断提高学校领导班子科学决策、民主决策水平，提高其领导学校道德文化教育工作的水平。比如，在高校，必须准确理解和贯彻党委领导下的校长负责制。高校领导班子要成为坚持社会主义办学方向，善于领导高校科学发展、团结奋进的坚强的领导集体。高校的党委书记和校长应当成为讲道德的教育家、办道德教育的管理专家。

对学校领导班子道德文化教育工作情况的考核，必须坚持全面、公平、公正的原则。只有建立在道德文化教育培养基点上的考核评价，才能取得多方的理解和支持，才能实现对学校领导班子的道德文化教育情况的考核评价目标。

（三）扎实做好班主任和教师的道德文化教育工作考核

要从学校道德文化教育工作需要出发，建立班主任选拔制度，引入竞争机制，切实把工作能力强、思想素质好、工作热情高、关心爱护学生的优秀教师吸收进班主任队伍；建立班主任培训和经验交流制度，积极宣传优秀班主任的工作经验；建立班主任道德文化教育工作评比和表彰制度，每学期或每学年表彰一批"优秀班主任""优秀道德文化教育工作者"。学校要不断地改进和提高班主任道德文化教育工作的评价机制，把班主任在道德文化教育工作中的表现作为教师评聘职称和评先评优的重要条件，以鼓励优秀教师长期从事班主任工作，使其积极投身于道德文化教育工作之中。

对教师和班主任的道德文化教育工作的考核，需要研究考核的内容和考核结果的处理问题，必须把这些考核和评价的结论与教师的工作评价、绩效评定、教师资格认定等实质性方面结合起来，才能在本质上起到促进作用。

（四）科学推进学生道德文化素养培养的评价改革

建立健全学校道德文化教育考核评价体系，改革道德文化教育和学生道德文化素养培养的考核评价制度,改进学生道德文化素养培养的考核评价办法,把对学生道德文化理论知识的考核与对其实际表现的考查结合起来,作为评定"三好学生""优秀学生干部"和学生毕业、升学的重要依据。要将每位学生参加道德文化实践的情况,准确地记录在《学生成长记录册》《学生综合素质评价手册》中,认真研究学生综合素质评价与升学的互相促进关系,加大对学生综合素质评价工作的检查力度,制定处罚措施,杜绝学校片面追求升学率的错误行为的发生。

在对学生的道德文化教育情况进行考核和评价的过程中,一是要注意处理好这种评价与学生的以升学考试为中心的课程考核之间的关系,尽可能地做到相互促进、相得益彰;二是要注意考核评价方式的多元化,多搜集社区、家庭等方面的评价意见,力求对学校的道德文化教育效果和学生的道德文化水平进行相对客观的评价。

第二节　营造良好的道德文化教育社会氛围

学校作为社会的一个重要组成部分,对社会发展有着举足轻重的作用。学校包括道德文化教育在内的各项工作无不受到社会各个方面的影响。如何调动社会的积极因素来为学校的道德文化教育服务,是全社会应共同思考的问题。应该把学校的道德文化教育作为一项重要的社会工作,调动社会的各项积极因素,积极主动地为学校的道德文化教育提供支持和帮助。

一、坚持先进道德文化的社会舆论导向

近年来,由国家有关部门牵头开展了一系列有深刻意义的大型活动,像"感动中国"人物评选、"全国道德模范"评选等,都在一定程度上推动了全国各个行业的道德文化建设,也对学校的道德文化教育起到了积极作用。

（一）宣传媒体与政策导向相统一

宣传渠道要传递正确的道德文化教育信息。要形成强有力的道德文化教育正气，就要在党中央、国务院和各级部门所下发的文件、规定、指示的基础上，结合学校道德文化教育的实际情况召开各种范围的会议进行宣讲，尤其是邀请在道德文化教育方面有突出表现的人士给学生开设专题讲座、举行模范事迹报告会，通过校园电视、广播、报纸等宣传报道他们的模范事迹。这些杰出的人物形象，可以为学生明确道德文化教育目标，树立培养道德文化素养的学习榜样。还可以通过在餐厅、会场、礼堂等公共场所张贴宣传道德文化规范标语的方式，营造道德文化教育的环境。

（二）坚持强有力的道德文化舆论导向

宣传媒体易导致舆论氛围频繁变换，因此，我们应善于利用宣传媒体，警惕这一缺陷。只有把道德文化教育作为一种长期的、时刻都必须重视的目标，才能让学生在这种道德文化氛围中有培养道德文化素养的紧迫感，才能自觉地培养良好的道德文化素养。

要深入、持久地开展全社会的道德文化模范学习活动。近年来，由中央有关部门和新闻媒体组织评选出来的"感动中国"人物、全国道德模范，通过"走基层"寻找出来的"最美的乡村教师""最美的乡村医生"对社会有很强的示范引导作用。找出学生身边的先进道德文化典型，对学生有着强烈的震撼作用，也有着很强的示范作用。要引导学生在感动之余，学习这些优秀道德文化代表的先进事迹，自觉地避免不符合道德文化要求的言行。

二、社区为学生道德文化实践创造条件

社区不仅是学校和学生家庭的所在地，也是学生离开校园之后的主要活动区域。在社区里，学生不仅在感知和观察整个社会生活的各个方面，而且还在参与社会生活的过程中学习和体验道德文化及其所造成的社会现实。社区的管理人员应该本着对社会负责的精神，努力为学生开展道德文化实践创造良好的条件。

（一）整顿社区道德文化环境

社区的道德文化环境对于学生来说，不仅是学生生活的背景，而且会以各种不同的方式作用于学生道德文化教育工作，因此，整顿社区的道德文化环境就成了社会关注的学生道德文化教育的一项任务。一是整顿社区的文化环境，整治社区内对学生有不良影响的文化场所，给学生以清新的社会气息；二是与相关部门一起对社区内不讲诚信、弄虚作假、坑蒙拐骗、唯利是图的人和事进行处理，让学生看到正义的力量，坚定发扬传统道德文化的信心。

（二）形成良好的社会风气

1. 建立有效的道德约束机制，促进社会主体非刚性他律和柔性自律的实现

建立有效的道德约束机制，通过体现人类道德要求的社会规范来保护良善的社会风气，通过人类道德内在的柔性自律来纠正丑恶的社会风气，其实质是社会行为主体的自由相对性的体现。一方面，要以发扬优秀传统价值和现代文明精神为重点来完善社会道德规范，并使道德规范在社会主体中不断地内化，以促进个体内在的道德素养为文明风气提供有效的价值尺度和内驱动力。把培育和弘扬社会主义核心价值观作为凝魂聚气、强基固本的基础工程，要高度重视和切实加强道德建设，推进社会公德、职业道德、家庭美德、个人品德教育，倡导爱国、敬业、诚信、友善等基本道德规范。另一方面，要强化社会组织之制度规范力、媒体舆论的监督力、网络社会规范的调节力，努力为社会主体提供更为细密、有效的行为规范，为社会主体行为提供充足的评价空间。通过外在规范与内在德性的双重约束，来确保社会主体行为的合理性。

2. 建立公正的法制惩戒机制，发挥国法的刚性价值与实践能力

法纪保障良善的社会风气，硬性惩治丑恶的社会风气，其实质为对人性善的守护和对人性恶的惩治。执政党和国家机关以国法为依据的惩恶扬善，是社会风气建设之根本保障。首先，要建立公正的法制惩戒机制，在实践中则要以净化社会风气为目标加快立法进程，优化中国特色社会主义法治体系，筑牢社会主义法治建设的重要阵地。其次，健全司法执法机制，提高执法主体自身素质，保障社会风气治理的公正性与高效率。最后，引导学生树立法治意识，以

11

法律这一社会最低行为准线来约束和保护自己,做到"以法治己""以法护己"。在加强学生的法律认知和法律意识的同时,也必然会带来学生在价值选择与行为选择上的积极嬗变,在全社会形成"遵纪守法"的优良风气。反之,如果国家没有使法律内化为人民的自觉意识和使人民自觉遵循的话,法律和制度将形同虚设。

第三节　形成高效的道德文化教育家庭课堂

家庭和家长在孩子一生中的地位是任何教育场所和人物都无法代替的。家人的言行、生活细节、待人接物和工作生活的态度,无不在孩子的心灵和行为上打上深刻的烙印。家长的一句话、一个眼色、一个表情、一个暗示,都可能达到学校领导、教师花多少精力都无法达到的教育效果。

一、家长应该为孩子创造良好的道德文化教育环境

大量的家庭教育的案例表明,"吹胡子瞪眼"式的家长是不能与孩子形成相对平等的和睦相处的朋友式关系的,这种情况下以严格的道德文化规范和要求强迫孩子照着自己的意思去做,只会导致孩子口服心不服。家庭成员之间应该能够和谐、融洽地相处,尽管有时会发生矛盾,但在原则问题上是团结一致的,这样才能在包容的氛围中,培养孩子互助、互爱、合作、谅解的精神,在使孩子的思维、意志、能力等得到和谐发展的同时,形成乐于接受教育的自觉性。因此,要注重家庭道德文化教育,大力提倡家庭美德,正确处理家庭成员间的关系,形成良好的道德文化规范。家长说话办事不能以势压人,要以理服人、以情感人、以身教代言教,语言文明,努力构建家庭的融洽气氛,这样才能把家庭建设成为使孩子接受良好道德文化熏陶的理想场所。

（一）营造温馨、和谐的家庭教育环境

1. 要建立家庭道德文化规范

《新时代公民道德建设实施纲要》指出，推动践行以尊老爱幼、男女平等、夫妻和睦、勤俭持家、邻里互助为主要内容的家庭美德，鼓励人们在家庭中做一名好成员；推动践行以爱国奉献、明礼守规、勤劳善良、宽厚正直、自强自律为主要内容的个人品德，鼓励人们在日常生活中养成好的品行。

家庭是相互依存、满足情感需要的场所，家庭成员之间要获得对方的爱与奉献，也要有无私奉献的利他精神。要建立一套民主、平等、和谐、互敬、互爱的家庭道德标准，这样的标准是作为现代人都应该自觉遵守的。但是，相对于每一个具体的家庭而言，除了要注意遵守这些公共的道德文化规范外，还应该注意建立有自家特色的道德文化规范，如不参与赌博活动、不抽烟、不过量喝酒等。家庭成员相互监督，特别是家长要在孩子面前模范地执行家庭成员共同制定的道德文化规范。

2. 把子女的道德文化教育放在重要位置

父母对子女的责任不仅仅在于抚养，更在于教育。父母对子女的道德文化教育既要有威严，坚持严格要求，又要强调爱。但父母对子女的爱不能是溺爱，纵容子女、满足子女一切欲望和需求的父母并不是好父母。好的父母应该教给子女立身成人的本事，培养子女的道德文化素养，为他们今后的生活打下坚实基础。除此之外，"家和万事兴"中的"家和"，指的就是良好的家庭道德文化氛围，以"家和"为主要论证点，将"父母教、子女孝"二者统一于"家和"。二者相辅相成、互相联系。总之，要建立现代家庭道德文化规范，就必须回到以传统孝文化为核心的家庭伦理道德轨道上来；要解决当代家庭道德文化的失范问题，必须从中国道德文化传统中寻找解决问题的答案。

（二）培养勤俭节约的良好家风

1. 将培养勤俭节约素养作为家长重视的内容

在教育孩子养成勤俭节约的生活习惯方面，家长的影响最大。"孩子是家长的一面镜子""有其父必有其子"的说法放在这里最恰当不过。节约意识是在生活小事中培养起来的，不可能一蹴而就。然而，一些家长恰恰不具备合理消费、

勤俭节约的习惯与意识。随着社会经济的快速发展、人民消费水平的不断提高，一些家长自己在衣食住行方面追求"好、新、贵"，对孩子提出的要求也一味满足，导致孩子逐渐养成奢侈浪费的陋习。因此，要牢固树立勤俭持家的家庭消费理念，将培养孩子的勤俭节约素养作为家庭道德文化教育的重要内容。

2. 培养勤俭节约的家风必须从细节做起

培养孩子勤俭节约的习惯，要从节约一度电、一滴水、一粒米做起。父母要教育孩子当房间里没有人时要随手关灯，当没人看电视时要关上电视机，在洗手、洗澡擦肥皂时要把水龙头关上，每天吃饭时要将碗里的饭菜吃干净，吃零食时如果一次吃不完要将包装重新包好下次再吃……家长在对孩子进行这方面教育时，不仅应该身体力行，而且要讲清道理。只要我们注意身边的点滴小事，在细节方面做好了，就能够促进孩子的自觉行为，孩子便会逐渐遵守勤俭节约的家风的要求。

3. 家长要注意培养孩子的理财能力

在孩子零花钱、压岁钱数量逐年增加的状态下，孩子的理财能力与道德文化素养的关系也越来越密切了。培养孩子的理财能力可以从有计划性地给孩子零花钱，让孩子学会支配零花钱开始。家长要引导孩子多用零花钱买书、买杂志。可以给孩子准备书架，鼓励孩子每个月买一本书、一本杂志，这样既可以培养孩子从小读书看报的习惯，还可以让孩子养成买书、藏书、爱书的好习惯。

二、家长应该提高对孩子道德文化教育的责任感

（一）要重视家庭道德文化教育

家庭道德文化是社会主义核心价值体系的重要组成部分，构建与人们思想观念相适应的社会主义家庭道德体系，就必须按照社会主义核心价值体系的总体要求，在传承中发展、继承传统道德文化中的合理内核，把中华民族在漫长历史进程中形成的善良、宽容、自强、勤劳等传统美德发扬光大，强调伦理、孝道、和睦；同时，要吸收西方文化中的精华部分，倡导自主、平等、人性，使家庭道德文化更具有时代特色和开放特点，形成夫妻和睦、尊老爱幼、科学教子、勤俭节约、邻里互助的家庭和社会道德文化氛围，在培养家庭成员树立

"互爱、诚信、宽容、勤俭、和睦"的文明家风上下功夫，实现以德治家、文明立家、平安保家、以教传家。

（二）要强化孩子的道德文化实践

家庭是实现养成教育的最好场所。家庭道德文化教育要利用家庭这个阵地，围绕夫妻恩爱、邻里和睦、教育子女、赡养老人、尊重自然、志愿公益、勤劳廉洁等方面开展教育。家庭要建立科学、文明、健康的生活方式，注重实现家庭成员的精神追求和提升他们的幸福感。要开展各具特色、贴近生活的活动，通过这些活动，把抽象的家庭道德规范内化为家庭成员特别是子女的道德行为和习惯，使人们的情感、道德由自律转向自觉，把养成教育与实践活动结合起来，达到道德文化教育的目的。

（三）要整合家庭道德文化教育资源

家庭道德文化建设是一个复杂的社会系统工程，它不是单个家庭的小事，而是既涉及学校教育、邻里关系，又涉及社会相关方面的大事，其教育资源更是遍布各个领域。为了提高家庭道德文化教育的质量，必须调动一切积极因素，整合来自社会各种渠道的道德文化教育资源，如社区的民间道德文化教育资源、学校的校本课程资源、学校学科教材的相关内容、社会上各种宣传媒体所发表的内容、书籍上的相关内容等。要想把这些来自各个方面的道德文化教育资源整合在一起，就要发挥学生在这种资源整合中的作用，因为整合的过程本身也是一种进行道德文化教育的过程。

三、家长应该讲究正确的道德文化教育方法

（一）运用正面的教养方式培养孩子的道德文化情感

正面教育就是从积极的方面进行教育引导，即用耐心的态度，以说理、表扬、疏导为方法，用榜样的力量作为推动力，实质的内容就是教育孩子做什么样的人，怎样做人。这种方法是在珍惜孩子自尊心和上进心的基础上，以艺术

的形式因材施教,引导孩子向健康的方向前进。正面教育通常是用英雄的形象、伟人的事迹等范例来感染和影响孩子,使孩子既感到具体,又感到亲切,增强学习英雄伟人、模仿榜样的正面教育效果。

虽然父母不能全天跟孩子待在一起,但是家庭中高亲密度的亲子关系,相对稳定的情感交流与支持,会对孩子产生道德文化教育作用,给予孩子动力和信心,使他们接受更多的正面教育,性格更加乐观向上。家庭道德文化教育在孩子社会化过程中的引导作用是任何单位和社会团体都无法替代的,在孩子成长的历程中发挥着潜移默化的作用。家庭道德文化环境直接影响着孩子的健康成长。一个家庭的经济状况,父母的文化水平、道德修养、人际关系、个性心理、价值观念、社会活动等,都会对孩子的成长产生积极或消极的影响,其中,对孩子影响最大、最直接的还是家庭的人际关系,尤其是父母之间的融洽程度。许多研究表明,家庭的和谐程度、家庭成员的亲密程度与孩子的道德情感有着密不可分的关系。生活在和谐程度高的家庭里的孩子,与人相处时的亲密程度、情感的表达与控制力都相对稳定。

家长可以采取说服教育的方式,通过谈话引发思想情感的共鸣,通过列举问题、谈利害关系、讲道理等方式,扬长避短,对孩子的优点和做得较好的方面,给予及时的肯定和表扬,同时又有技巧地指出其不足,并提出新要求,使孩子充满不断进取的信心;可以采取寓教于活动的教育方式,带着孩子参与各种与道德文化教育相关的活动,在活动中教导孩子应该怎样做和不应该怎样做,如好吃的东西不能只顾自己吃,要与别人分享,在与别人相处时要友好、团结,利用一切活动的机会来教育孩子做一个社会化的人;可以采取范例教育方式,用伟人、英雄、先进人物等榜样对孩子开展范例教育,如给孩子看与英雄相关的电影和电视剧,给孩子讲英雄故事和伟人少年时的成才故事,父母也要时时处处以身作则,通过这样的教育方式,孩子才能听得见、看得见、学得到,而且学而不厌。

（二）选择受孩子欢迎的道德文化教育方式方法

家庭道德文化教育不同于学校教育和课堂教学,基本上属于"一对一"的教育活动,有些教育内容或需要探究的问题,来自学生的日常生活需要,要注意学生对家长教育方式方法的接受度。

好的家庭道德文化教育的过程应该是孩子与家长之间的一个长期的互动过程。这个互动过程的前提条件是要有一个正确的民主的家庭道德文化教育环境。在这个环境里，孩子是最大的受益者，孩子的内心得到极大的解放，敢于说出自己的主张，不怕自己出错，保持着愉快轻松的心情；其次的受益者才是家长，家长在这个环境里成了孩子的知心朋友和好老师。

理想的家庭道德文化教育必须选择和使用受孩子欢迎的、恰当的方式方法，具体的方式方法对于不同家庭和不同道德文化教育对象的作用是有差别的，对一个家庭很合适的方式，对另外的家庭可能不合适。在家庭道德文化教育的实践中，教育对象是孩子，教育效果的体现不是在于家长变得怎么样，而是在于孩子变成了什么样。现在好多家庭使用的家庭道德文化教育的方式有：榜样影响法、环境熏陶法、说服教育法、实际锻炼法、表扬奖励法、批评惩罚法等。这些方式方法在不同的家庭中都取得过好的教育效果，但是，这些方式方法不一定适合所有家庭中的所有孩子，究竟选用哪一种方法，家长和孩子可以通过家庭会议的方式，一起研究、选择。在此基础上开展的家庭道德文化教育的效果，肯定会比家长随意选用的教育方式方法的效果要好。

（三）家长要讲究家庭道德文化教育的艺术

第一，要注意跟孩子一同开展活动。例如，跟孩子一起去野外游玩、跟孩子一起去参观游览、跟孩子一起上街购物、跟孩子一起做运动等。道德文化教育的活动有助于消除亲子代沟，融洽感情，让家庭道德文化教育在欢乐、亲切、无拘无束的活动中进行。

第二，要讲究向孩子道歉的艺术。在家庭生活中，家长说错了话，办错了事，甚至冤枉了孩子，这些情况常会发生。如何处理这样的问题，考验的是家长家庭道德文化教育的艺术。家长和孩子在家庭中应当是平等的关系，家长做错了事或错怪了孩子，是应该主动道歉的，因为这不仅不会影响到家长的威信，更不会有损父母的尊严，反而会给孩子树立有错就改的榜样，会使孩子由衷地敬佩父母的品质与修养，从而更加信任父母、亲近父母。父母的威严不仅不会因为主动道歉而降低，反而会更高，还会在家庭中形成一个宽松、和谐、平等的有利于孩子成长的环境。家长向孩子道歉、认错时，态度必须是诚恳的，不敷衍、不找客观原因，真诚地去求得孩子的谅解。

第三，要讲究宽容的艺术。孩子做错了事之后，家长应以宽大的胸怀原谅孩子的过失，不要有过激语言的斥责，也不要有穷追不舍的追究。但是，实施宽容教育的方式，必须是在孩子对自己的错误已经有了认识，并深感内疚、悔恨时才可运用。

第四，要注意批评的艺术。家长批评孩子是为了对孩子的不良思想、行为、品质给予否定的评价，并予以警示，从而引起他们的内疚、痛苦、悔恨，让他们从缺点、错误中吸取教训，不再重犯。因此，运用批评的方式要公正合理、恰如其分。在批评方式上，应先肯定对的，再指出错的；先表扬以前正确的，再指出现在错误的；甚至可先做自我批评，再批评孩子。批评孩子可以严肃，甚至可以严厉，但这不等于粗暴，更不等于讽刺挖苦、奚落谩骂，否则就会伤害孩子的自尊心，势必会引起对立的情绪。

四、家长应该着力培养自身的道德文化素养

家庭成员要注重提高自身的综合素质，增强道德文化规范的自律性。家庭道德文化教育归根到底是一种文化现象，与文明程度高低成正比。因此，从根本上提高家庭成员的道德文化素质是推进家庭道德文化教育的重要前提。家庭成员，无论是家长还是子女都要多读书、扩大视野、增长知识，自觉树立良好的道德观念，学习道德文化知识，遵守道德文化规范，增强道德文化自律意识。搞好家庭道德文化教育需要一整套与之配套的工作机制、舆论机制、政策机制和监督机制。例如，要建立完善的评价约束机制，既要发挥全社会舆论监督的作用，又要建立健全法律法规，设立和完善监督机构和制度。

只有家长提高自身的道德文化素养，才能在家庭道德文化教育中尽职尽责。一个称职的家长，就要善于扮演多种角色，可以是严父，可以是慈母；可以是良师，也可以是益友；可以是生理保健医生，也可以是心理医生；可以是图书管理员，也可以是教练员……在孩子需要的时候，扮演的角色越多，与孩子的感情越深，在孩子心中的形象就越高大。家长是孩子最初的、最直接的模仿对象，他们不仅能影响孩子的道德文化素养，而且能影响家庭道德文化教育的效果。家长要与孩子坦诚相待，家长任何虚伪的表现，孩子都会察觉到，都将影响家长在孩子心目中的威信。家长在家庭道德文化教育过程中的是非态度要鲜

明，不要含含糊糊、模棱两可，使孩子无所适从。家长还要规范自己的言行，时时处处以高尚的道德情操营造家庭风气，并且身体力行，做好孩子的表率。

家长自身的道德文化素养是塑造家长在孩子面前的道德文化形象的最基本前提，也是对子女实施道德文化教育的最根本的因素，因为道德文化素养不高的家长要想培养出道德文化素养比较高的孩子是很困难的。

（一）家长要提高自身的道德文化素养

家长对孩子进行道德文化教育，既要有一定的道德文化方面的理论和知识，也要在语言和行动上为孩子进行示范，在现实生活中为孩子树立榜样。

1. 家长要有正确的道德文化观念

在对孩子进行道德文化教育时，必须坚持以社会主义核心价值观为引领，在孩子的心灵中播撒优良的道德文化种子。也就是说，父母要在道德文化方面为孩子树立榜样，让孩子生活在和谐美满、健康愉快的家庭环境中。在这种道德文化观念的指导下，家长应该讲究道德文化教育艺术，不能一味地进行枯燥的说教，而应发挥家庭教育的灵活性，多创设具体情境，让孩子轻松愉快地得到熏陶、受到教育。家长可以让孩子多看一些健康有益的书籍，还应多和孩子进行思想交流，多了解孩子、关爱孩子，做孩子的知心朋友。

2. 家长要增强道德文化的自律性

家庭道德文化教育在根本上是要提高家庭成员的道德文化素质。在现实家庭生活中，存在着一些不能以硬性的道德文化规范约束的道德败坏行为，这就必须通过软性教化来使家庭成员修身养性。家长应加强自身的道德修养，完善道德人格，努力做到"四自"，即自重、自省、自警、自励。对孩子一味溺爱，娇生惯养是不对的，而一些家庭忽视了尊重孩子的人格，常常采取粗暴的教育方式，这也是不对的。其实，孩子在家庭中说"不"是成长过程中的正常现象，对很多问题，家长应让孩子自己决定。所以，家长要引导家庭成员自觉树立良好的道德观念，学习道德文化知识，遵守道德文化规范，增强道德文化自律意识，使家庭成员自觉履行道德责任和道德义务。

（二）家长要调整道德文化教育的心态

家长要调整教育心态，一是要克服虚荣心，实实在在地为孩子的发展着想，引导孩子自觉地培养自己的道德文化素养，为未来的发展奠基；二是要坚持认真负责的态度，分析孩子道德文化素养的实际情况，与孩子一起研究制订培养道德文化素养的计划，并为孩子创造必要的条件。

（三）家长要与孩子建立交流沟通的渠道

家长能够与孩子进行正常的交流沟通，是开展道德文化教育的基本前提，因为如果与孩子沟通交流的渠道不畅通，道德文化教育的信息就会无法传达。如果家长与孩子的关系出现了问题，应该首先调整相互关系，建立两代人互信的机制，然后才能进行交流，并在交流中开展道德文化教育。

为了与孩子进行有效的沟通，家长应做到以下几点：首先，要制定交流的规则，规定固定的时间区间，像孩子离开家庭上学的期间，每周必须打一次电话，或视频聊天，或发邮件等。应该在孩子离开家庭的第一个星期就必须把这种规则定下来，这应是交流沟通并开展道德文化教育的第一步。其次，讲究在沟通交流中教育的信息量。孩子和家长交流是为了感情沟通，在交谈中适度地渗透一些道德文化内容，对方是能接受的，而且在不经意间传达的教育信息效果也比较好。再次，要研究教育的契机，特别是要考虑孩子在交流时的心情。在孩子心情好或是遇到什么与道德文化相关的问题时，即使关于道德文化方面的内容说得多了，孩子也还是能够听进去的；如果话不投机，家长还喋喋不休，其效果必然不理想。最后，父母应对于不同的教育话题进行分工。因为孩子的性别、与父母的关系以及话题所涉及的内容是不一样的，所以此时父母必须遵守对应性原则，尽量不要说孩子听不进去的话。

（四）同孩子约法三章

随着年龄的增长，孩子逐步进入成人阶段，对于他们自己的行为，应该承担相应的责任。特别是在他们离开父母到外地读书之后，为了规范他们的道德文化行为，家长可以通过约法三章的方式，利用双方商定的规则对孩子的道德文化行为进行调控。只不过约法三章要实事求是、切实可行，还要适可而止，如果超过了一定的"度"，就不能取得预期的效果了。

第二章　优秀传统道德文化对中国的价值

第一节　优秀传统道德文化是养成
良好社会风气的根本

良好的社会风气与优秀传统道德文化建设是辩证统一的。自中华人民共和国成立以来，党和国家几代领导人始终重视对社会风气的建设。形成良好的社会风气，应当多渠道、多举措，但是，优秀传统道德文化建设才是根本。

一、良好社会风气的形成与优秀传统道德文化建设的关系

社会风气影响优秀传统道德文化建设的成效，是优秀传统道德文化建设的风向标，优秀传统道德文化建设也引导着社会风气的形成和发展。

社会风气的好坏反映了一定时期的优秀传统道德文化建设水准的高低。在某一社会或者社会的某一阶段，良好的社会风气必将促进社会的和谐和进步，而不良的社会风气也必将误导人们的价值观念和行为方式，抑制人们创造美好生活的积极性。

良好的道德文化建设能引导人们明辨是非、知荣明耻，自觉追求真善美，反对假恶丑。已有的社会风气又对道德文化建设有极大的反作用，也会影响道德文化建设的实际成效。社会风气健康良好，社会主流价值观念就会成为群体意识和人们的价值取向，先进文化就得以广泛传播，优秀道德文化建设成效明显。社会风气好，本身就说明人们的总体道德水准尚可，能严格约束自己的言行，在这种情况下，"响鼓不用重锤"，良好的道德风尚只需进一步加以弘扬和践行即可。

《论语·为政》曰："道之以政，齐之以刑，民免而无耻；道之以德，齐之以礼，有耻且格。"这反映了孔子"为政以德"的思想，由此可见，优秀传统道德文化建设对良好社会风气的形成和发展具有不同于法律制度的作用。中华人民共和国成立以来，由于党和政府的正确领导，社会风气是健康的。在党的教育下成长起来的青年，处处表现出良好的献身精神和守纪律精神。因此，我们一定要教育好后代，要从各方面采取有效的措施，维持好的社会风气，打击那些严重败坏社会风气的恶劣行为。

社会风气是好因素与坏因素的较量。为了尽可能增加好的因素，尽可能地弘扬正气，尽可能地"爬坡"，必须加强优秀传统道德文化建设，促进良好社会风气的形成与发展。

第一，构建道德规范，才能遵德守礼。要减少社会道德失范的现象，首先要让人们在认知上"知耻"，形成违法可耻、缺德可耻的观念。法是强制性的，德是要内化到心灵深处的。内化于心，才能外化于行。比如，"慎独"是道德上的自律，"十目所视，十手所指"是道德上的他律，发挥着法律起不到的作用，会促使人们加强自身修炼。在社会政策、风俗习惯、乡规民约等其他社会规范中注入道德因素，能起到规范人的行为的独特作用。

第二，树立道德模范，起表率作用。有了道德规范，还要有遵守道德规范的模范。社会风气有顺风与逆风，有大风与小风，有民风与官风，有清风与浊风，有春风与寒风，等等。它们是对立统一的，相互之间可以转换，为此，必须要有道德模范引领清风正气，让清风、春风等正能量的社会风气处于主流地位。党员干部要当群众的模范，谷文昌、焦裕禄、杨善洲等就是党员干部的先进典型，黄文秀、郭明义、于敏等"感动中国"人物就是大众榜样。模范和榜样是价值的标尺、道德的标杆。模范是"火车头"，表达一种鲜明导向，向人们昭示正确的价值判断。通过先进典型、道德模范、"最美人物"和"身边好人"进行示范，能形成见贤思齐、遵道尚德的浓厚氛围。

二、优秀传统道德文化对养成良好社会风气的作用

优秀传统道德文化是促进社会进步和塑造国民精神的加速器，它作为一种起持久作用的社会意识，对弘扬正气、优化社会风气、促进人的精神塑造，具有特殊的作用。优秀传统道德文化期待的是人性的完善，它更注重从塑造个体精神方面来改善社会风气。一方面，它强调通过"扬善"优化社会风气。传统道德文化中"人生自古谁无死，留取丹心照汗青"的忠贞的民族气节，"先天下之忧而忧，后天下之乐而乐"的社会责任感，"临大节而不可夺"的自我牺牲品德，"知其不可为而为之"的知难而进、进取拼搏精神，勤劳俭朴、自力更生、艰苦奋斗的创业精神，诚实守信、公正刚直的求实精神，等等，对人们弘扬正气，走向道德自觉，做到"无终食之间违仁"，都有很大的感召作用。另一方面，它强调通过"抑恶"来促进良好的社会风气的形成。传统道德文化中"羞恶之心，人皆有之""人不可以无耻""行己有耻""仁则荣，不仁则辱"等泾渭分明的荣辱观念和善恶、爱憎分明的浩然正气，对抨击社会生活中的不道德现象，优化社会风气，起着无形的强制作用。

第二节　优秀传统道德文化是坚定
中国文化自信的关键

一、文化自信的本质

（一）稳步提升文化软实力是文化自信的动力

从提升文化软实力的重大意义来看，提高国家文化软实力，关系着我国在世界文化格局中的定位，关系着我国的国际地位和国际影响力，关系到"两个一百年"奋斗目标和中华民族伟大复兴中国梦的实现。这就表示，文化软实力的提升：一是有助于我国在世界文化格局中占据有利地位。只有提高文化软实力，才能使我国在日趋激烈的世界文化竞争中立于不败之地。二是有助于提高我国的国际地位和国际影响力。只有提升了文化软实力，我国的国际地位才能提高，才能在国际交流中拥有更多的话语权，才能在国际事务中发挥越来越重要的作用，才能提高国际影响力。三是有助于实现中华民族伟大复兴中国梦。中国梦的基本内涵是国家富强、民族振兴、人民幸福。把国家、民族、人民的愿望融为一体，要想实现这个愿望，文化逐渐成为至关重要的因素。只有提升文化软实力、丰富人民文化生活、建造共有精神家园、塑造国家形象、提高国际影响力，才能坚定文化自信、凝聚社会共识、建设社会主义文化强国。

从提升文化软实力的途径来看，要"形于中"而"发于外"。只有切实做好自身的积累、蓄力，搞好文化建设，才能提升文化软实力，实现社会主义文化强国。因此，要深化文化体制改革，大力繁荣发展文化事业，实施哲学社会科学创新工程，加快发展现代文化产业，把社会效益放首位，把握好经济效益与社会效益的关系。除此之外，还要加大宣传力度，拓宽和创新国际交流的传播平台和方式，完善人文交流机制，宣传"中国梦想"，展示"中国精神"，传播"中国价值"，讲好"中国故事"，发出"中国声音"，塑造"中国形象"，创新"中国话语"，从而提升国家文化软实力。

（二）坚持民族性和时代性的融合转换是文化自信的源泉

中国从文化古国、文化大国，向现代文化国家、文化强国迈进，这是一个不断积累和创新的过程，需要赋予中华优秀传统文化新的内涵和表现形式，实现其创造性转化和创新性发展。同时，这更是一个向世界学习、与世界交流，并实现共同进步的过程。文明交流互鉴，是推动人类文明进步和世界和平发展的重要动力。

从文化的发展来看，一个国家、一个民族的文化的不断进步，既需要保持其民族因素，又需要紧跟时代潮流，给传统文化注入新的时代内涵，让传统文化能够更好地继承和发扬，从而使文化生生不息，达到真正的文化自信。从文化的传承来看，要求在辨别精华与糟粕的前提下，注入时代特征，实现中华优秀传统文化的与时俱进，进一步推动文化的向前发展。当然，文化自信的基础不是简单地把过去的传统和当下的时尚相加，也不是片面地否定其他文化。文化自信需要以当下的具体实际为基础，建设社会主义先进文化，寻求符合时代的价值目标，构建与时俱进的价值体系，找寻新时期的价值归宿。要结合时代条件对中国传统文化加以继承和发扬，赋予其新的含义。既要汲取中国传统文化的精华，又要结合时代特点和要求给中国传统文化注入新的时代内涵和血液。

（三）突出人民群众的主体创造地位是文化自信的根本

人民群众是历史的主人，也是历史的创造者。人民群众是文化自信的实践主体、动力主体和价值主体，一切文化创作都应该反映人民心声，满足人民对美好生活的需求。

首先，从人民群众是文化自信的实践主体来看，博大精深的中华文明经历数千年的风霜雪雨而绵延不绝、历久弥新，其主要功劳就在于人民群众的继承和不断创造。社会主义先进文化，更是新时期广大人民群众智慧的结晶。我们要始终坚持人民的主体地位和首创精神，要充分调动人民群众和全社会的积极性和主动性，汇集智慧、凝聚力量，进一步推动文化事业的繁荣兴盛，增强文化自信。同时，"功以才成，业由才广"，充分尊重文化人才的贡献和作用，调动人才的积极性和激发人才的创新性，使其能够引领文化潮流、带动文化的真正繁荣，形成"人尽其才、才尽其用"的良好环境，从而从本质上确保文化事业的不断向前发展，增强人民群众的文化自信。

其次，从人民群众是文化自信的动力主体来看，人民群众是文化建设和发展的根本动力。要让每一个中国人都成为传播中华美德、中华文化的主体，要努力促使全体人民群众都能够参与社会主义文化建设，每一位社会成员都能够成为文化建设的主体，同时能够在文化建设中提升自身的文化素质和思想境界。此外，文艺创作最根本、最关键、最牢靠的办法是扎根人民、扎根生活。也就是说，文艺创作要想被人民所接受、喜闻乐见，就必须紧扣人民的生产实践和生活实际，否则文化创作就无法体现它的价值，简单来说，就是文化必须源于人民、为了人民并且最终属于人民。事实证明，没有人民群众的广泛参与、鼎力支持和积极创作，社会主义文化建设不可能取得如此的成就，文化自信就更无从谈起。

最后，从人民群众是文化自信的价值主体来看，要坚持以人民为中心的工作导向，就是要走群众路线，把人民的根本利益作为出发点和落脚点，充分尊重人民的历史主体和价值主体地位。文艺创作要把人民的根本利益放在首位，坚持人民至上的价值观念，做到与广大人民群众保持密切的血肉联系，听取群众的意见，了解群众的喜好，反映群众的心声，满足群众的需求，真正做到一切为了人民。当然，文艺想要反映人民心声、满足人民对美好生活的需求，就必须坚持"文艺为人民服务、为社会主义服务"这个根本方向，使人民拥有更丰富、更健康的精神文化生活。

二、坚定文化自信

文化自信是继"道路自信、理论自信、制度自信"之后提出的第四个自信，是建设社会主义文化强国的必然要求。文化自信的树立和增强要建立在中华文化的深厚背景下，要充分挖掘和探索博大精深的中华文化。中华文化在五千多年的历史长河中生生不息、绵延不绝，在不断继承创新发展中积淀了雄厚的文化思想，树立了被普遍认同的价值理念，形成了独具特色的传统美德，创造了特点鲜明的道德规范，形成了相对完整的道德理论，产生了众多耳熟能详的道德名言，养成了丰富的符合道德规范的德行，缔造了社会公民特有的修身之道，留下了丰富多彩的道德教育资源。中华优秀传统道德文化是当下中国人民增强文化自信"取之不尽，用之不竭"的思想道德资源。继承和弘扬中华优秀传统道德文化对坚定文化自信具有很高的价值，这是其他历史文化遗产所无法替代的宝贵历史资源和民族财富。

（一）弘扬中华优秀传统道德文化，有利于增强文化软实力

文化软实力是文化自信的动力。随着文化在国际竞争中的地位和作用越发凸显，谁的文化软实力越强，谁就能在国际竞争中就拥有更多的主动权，就更容易产生民族自豪感和增强对本民族文化的自信。我们要继承和弘扬中华优秀传统道德文化，正确认识中华优秀传统道德文化的软实力价值，增强国家的凝聚力，努力提高文化软实力的水平。

1. 发扬"改革图强"精神，有利于深化文化体制改革

中华优秀传统道德文化中隐含着丰富的"改革进取"的思想，从而激励着中华民族穷则思变、改革图强，使得中华民族几千年延绵不断、生生不息。《周易·系辞下》中提到："穷则变，变则通，通则久。"是指事物到了窘困穷尽的时候就应当有所变化，变化之后才能通达，通达之后才能长久。只有变革，才能从"山穷水尽"的困境中走向"柳暗花明又一村"，这其实体现的就是中华民族的一种"改革图强"精神。几千年以来，这种"改革图强"的精神，一直激励着人们变法改革、创新图强，留下了灿烂的悠久文明，铸就了源远流长的传统文化，勉励中华民族不断变革现实，保持永久的生命力。中华优秀传统道德文化中的"改革图强"精神，激励了中华民族无限的创造力，使中华文明充满生机与活力。

中华人民共和国成立后，我们为追赶世界现代化建设的步伐而实行改革，从讨论真理标准开始，再到改革农村经济体制，进行全面的社会与文化变革，取得了巨大的成果，正是得益于这种"改革图强"的精神。现在，中国的全面深化改革进入关键时期，更需要我们发扬"改革图强"精神，进一步深化文化体制改革，促进中国特色社会主义文化的繁荣兴盛，提高国家的文化软实力，

增强对社会主义先进文化的自信心和自豪感。

2. 弘扬"重义轻利"精神，有利于协调文化发展中的经济效益和社会效益的关系

"义利之辩"是中华传统道德文化的基本问题和基本形式，内容非常丰富，其中积极、优秀的部分也十分明显。不管是道义论的义利观还是功利论的义利观，都强调"义"的地位，突出"重义"精神。在任何社会体制下都是应该讲道德的，即使是在以追求经济利益为主要目标的经济领域和经济活动中，也必须讲道德。

我们要把文化发展的社会效益放在首位，正确处理经济效益和社会效益的关系。也就是说，在社会主义市场经济条件下，强调重义轻利，正确把握"义"和"利"的关系。当今社会的"义"更多的是强调个人对他人、对集体、对社会应该担当的责任和履行的义务，并要求个人根据道德义务树立人生不断奋斗的价值目标。在处理经济效益和社会效益的关系时，应继承和弘扬"义以为上""见利思义"，反对"唯利是图""见利忘义"，倡导将逐利求富的欲望上升到为人民、为国家、为社会谋福利的高度。大力发展文化事业和文化产业，一手抓公益性文化事业，一手抓经营性文化产业。发展公益性文化事业，提供文化基础设施，满足人民的精神文化需求，保障人民的基本文化权益。文化产业是当今社会文化竞争的先锋，是一种商品、一种经济，具有确定的经济利益。它作为文化生产力，是文化软实力的物态表现，能够实现经济与文化的相互发展，使文化通过文化产品发挥其作用。在国际文化交流不断加深和国际文化贸易迅速发展的今天，文化产业必须继承和弘扬"重义"精神，承担社会责任，倡导主流价值，创造高质量产品，形成经济效益与社会效益双丰收的局面，增强本民族文化的凝聚力。

（二）弘扬中华优秀传统道德文化，有利于把握本土文化与外来文化的关系

民族性与时代性的融合转换是文化自信的源泉。民族性就是要坚持民族特色、民族风格，时代性就是要与时俱进，与时代相结合。使民族性与时代性融合转换，最重要的目的之一就是使传统文化永葆生机、不断向前发展，增强人民对本土文化的自信。我们要弘扬中华优秀传统道德文化，借鉴先人智慧，正确把握本土文化与外来文化的关系，建立高度的文化自信。

1. 弘扬"革故鼎新"精神，有利于继承和发展中国传统文化

《礼记·大学》中提到："苟日新，日日新，又日新。"《颜习斋先生言行录卷下·刁过之》中提到："吾辈常人，当时新，时时新，又时新。"可以说，中华民族历来重视推陈出新、革故鼎新。"革故鼎新"最早出现在《周易·杂卦》中："革，去故也；鼎，取新也。"这告诉我们"革故鼎新"就是破除旧事物，建立新事物。当然，对待旧事物不是全盘否定，马克思主义的辩证否定观的实质——"扬弃"告诉我们：对待旧事物既要批判又要继承，既要克服其消极因素又要保留其积极因素。"取其精华，去其糟粕"就是我们革故的一条准则，是我们对待中国传统文化的态度。鼎新是创造和发展新事物，鼎新必须建立在革故的基础之上。我们要践行"古为今用，推陈出新"，在去除传统文化的消极部分、保留其积极部分的基础上，立足实践，与时偕行，实现中国传统文化的创新发展。对待中国传统文化的正确态度，就是要把握好批判、继承、弘扬和发展的关系，坚持去粗取精、去伪存真、辩证扬弃、除旧布新，实现中华优秀传统文化的创造性转变和创新性发展，使中华文化的民族性特征与时代性特征得到完美的融合转换。

随着我国对外开放的进一步拓展，各民族文化之间的交流与碰撞愈加频繁，国内外形势也发生了重大的改变。在这种形势下，我们不能一味死守传统文化、承袭先人，必须解放思想、实事求是，实现中国传统文化的与时俱进和创新发展；必须秉承和弘扬"革故鼎新"的精神，不盲目遵从传统和迷信权威，坚持实事求是、一切从实际出发，因时而变，紧跟时代步伐，促进中国传统文化更好地与时代、与社会主义社会相适应。

2. 坚定"中庸"态度，有利于辩证地对待外来文化

促进中华文化的民族性和时代性融合转换，除了应该正确对待本土文化外，还需要辩证地对待外来文化。在中国传统道德中，处处体现了"中庸"的意味，北宋理学家、教育家程颐曾说："不偏之谓中，不易之谓庸。""中"主要是指不偏不倚，无过无不及，"庸"是平常、常道、常行等，"中庸"就是在日常生活中坚持适度、不走极端的准则。对待外来文化，我们应该坚持"中庸"之道，在批判与鉴别的基础上，学习有益成果与抵制腐朽思想并行。

用理性的态度对待外来文化，坚持"中庸"之道，就必须坚决反对固执

一端而失之偏颇，反对全面否定外来文化也反对全盘接受。因此，我们反对"过"，不应该与进取精神相违背；在把握"中"时，不应该毫无原则地折中调和。同理，对待外来文化，不应该毫无原则地批判，也不应该毫无原则地吸收。在纷繁复杂的多元文化中辨别出先进与落后，划清楚积极与消极，坚持"洋为中用、博采众长"的原则，立足实际，发展具有中国特色的社会主义文化，辩证取舍外来文化，借鉴和吸收各国的优秀文化成果，为我所用。我们在继承本土文化的同时，要睁眼看世界，全面客观地认识外来文化，虚心学习借鉴外来文化的一切有益成果。在建设社会主义文化强国的今天，我们必须学习"中庸之道"，反对无是无非，反对无原则的尊重、无底线的包容，在辩证分析外来文化的基础之上，坚决抵制低俗、庸俗、媚俗的文化内容和文化形式，学习并接受积极、健康、有益的外来文化形式和外来文化内容。

3. 保持"和而不同"心态，有利于坚持文化的独立性和独特性

中国是一个多民族的国家，各民族间的文化是有所不同的。不同文化的民族如何既和睦相处又能够保持各自的独特性，是中国历来关注的一个问题。同样，不同文化传统的国家应该如何和谐相处是一个世界难题。面对这个问题，中国积累了丰富的理论和实践经验，"和而不同"就是其中的重要内容之一。

《论语·子路》中，孔子提出"君子和而不同"，君子在"不同"中能和谐相处，也就是虽然所见各不相同，各不苟同，但是能够达到和谐统一。"和"指不同特征的事物同时存在，各自发挥最大能力来得到满足，以达到和谐统一，正如《礼记·中庸》中所说的"万物并育而不相害，道并行而不相悖"。"不同"指的是事物的多样性、复杂性，对于民族文化来说，就是具有不同特征的多民族文化。在世界多元一体的格局中，"多元"的重要体现包括各个国家对自己国家文化的认同，以及这种认同被其他国家所尊重。"和而不同"体现的就是一种文化包容和文化共享的情怀。世界上有200多个国家和地区，如果只有一种生活方式、一种语言、一种音乐或一种服饰，那是不可想象的。世界上如果就只有一种文化，一家独大，那世界文明和人类的发展将会停滞不前。坚持以"和而不同"的心态、科学的态度对待本土文化和外来文化，不仅有利于保持民族文化的独特性和展示中华民族的魅力，还有利于世界不同文化之间的交流与借鉴，使世界文明多姿多彩。《孟子·滕文公上》中认为"物之不齐，物之情也"，多种文化并存的模式将是世界各国文化矛盾普遍存在并能够维持和谐

稳定的基本状态，我们应该以包容的心态正确对待文化矛盾的多样性。各国文化之间的和谐不是相互蚕食或鲸吞，简单粗暴地追求消灭其他文化，而是应当"尊重差异，包容多样"，维系世界文化这个矛盾统一体，求同存异，共生共赢。

任何民族、任何国家的文化都不可以和其他文化隔离开来而孤芳自赏，必须学习借鉴和汲取一切外来文化的优秀成果；任何民族、任何国家的文化都应该立足实际，与时偕行，使文化更好地适应时代发展，提升其先进性，从而提高文化的影响力和感召力。

（三）有利于提升人民群众的文化素养，从而发挥其主体创造性

弘扬中华优秀传统道德文化，有利于提升人民群众的人文素养，使人民群众的素质与国家发展水平相匹配。继承和弘扬"勤奋为学""修身为本""刚健进取"等优秀传统道德文化，全面提高人民群众的素质，使人民群众做到真正的自信，从而发挥其主体创造性。

1. 秉承"勤奋为学"的学习态度，有利于提高人民群众的认识能力

"为学"是道德修养的一个重要步骤，中国古代圣贤先哲非常重视这个步骤。他们认为，人只是好善，只在意道德修养是远远不够的。只有通过学习来获得知识，包括道德知识，才能形成正确的道德认知，做出正确的道德行为，避免盲目与无知。《法言·学行》中讲："学者，所以修性也。视、听、言、貌、思，性所有也。学则正，否则邪。"说的就是这个道理。古代思想家又指出，圣贤由学而成，道德由学而进，才能由学而得，如《逊志斋集·杂诫》里的"贤者由学以明，不贤者废学以昏"、《明儒学案·甘泉学案》里的"自古圣贤盛德大业，未有不由学而成者也"等。虽然在春秋时有"圣人生而知之"的观念，但大多数的古代先哲们都不承认"天生圣贤"的说法，认为要"学以圣"。《论语·述而》中，子曰："我非生而知之者，好古，敏以求之者也。"孔子也强调自己非生而知之者，而是通过刻苦学习获得知识的。这一优良的传统道德思想对于当代人们重视后天的学习、修养、磨炼，丰富知识，提高认知，都有重要的意义。《论语·宪问》中，子曰："古之学者为己，今之学者为人。"孔子认为，古代学者学习是为了充实、提高自己，现在的学者学习是为了装给别人看。孔子崇古，提倡"为己"而学，而非是"为人"而学，提倡在道德上提高自己。

"为己"而学的主张对于当代培养德才兼备的人有积极的意义；而从"为人"的角度来说，学习的目的不在于矫饰，而是实干兴邦。学习不是为了炫耀，而是为了提高自己的认知能力，提高自己的思想觉悟，提高自身的人文素养，为实现社会主义文化强国做出更大的贡献。

韩愈在《进学解》中说"业精于勤，荒于嬉"。勤奋是中华民族的优良传统，也是个人的一种良好品德。任何人想要成就一番事业都必须勤奋。历史上一切有大学问，成就大事业的人都具备这一优良品德。《西京杂记》中的匡衡凿壁偷光、《初潭集》中的葛洪抄书苦读等，都是中国古代先人在生活艰苦、条件恶劣的情况下排除万难、勤奋学习的典型。古人学习的勤奋态度、求知的欲望、追求真理和完善人格的不倦努力，对我们为学、做人都有重要的意义。我们应秉承"勤奋为学"的学习态度，继承和弘扬热爱知识、刻苦钻研的品德，丰富知识，开阔视野，提高自身的认知能力。

2. 增强"修身为本"的重德意识，有利于提升人民群众的道德修养

中国古代的思想家们认为，优良的品德不是生而得之，而是后天逐渐培养起来的，"修身"就是其中最为基础和根本的。儒家把"修身为本"作为培养道德人格的根本，首先，儒家特别重视自身修养的理性自觉，看重意识的能动作用。《礼记·大学》中说道："欲修其身者，先正其心。欲正其心者，先诚其意。"这里的"正心""诚意"说的是修身应当遵从自己的内心，克制自己的私欲，做到心意诚实而无欺妄，使修身充满自控能力和持之以恒的精神。其次，大多数的儒家先哲都把成为"道德人"作为人修身的唯一目标，即塑造高尚人格、达到至善的境界。比如，荀子认为圣人是修身的极致，张载认为修身是"知""礼"结合而"成圣"，王阳明认为超凡入圣是修身的目的。再次，儒家认为修身是道德品质养成的自我教育、自我磨炼，强调内修。通过对自我反省，遵守道德规范来进行修身。不仅要"吾日三省吾身"（《论语·学而》），同时还要通过"苦其心志，劳其筋骨，饿其体肤，空乏其身，行拂乱其所为"（《孟子·告子下》）的磨炼来练就德性。最后，儒家强调"修身为本"，不仅仅只是修养好自身，而是要达到"齐家、治国、平天下"的政治抱负，达到"经世致用"的理想。儒家"修身为本"的意识，不管是对个人的道德修养，还是对整个社会的道德水准都有积极意义。

"修身为本"，首先从严格要求自己做起，然后才能治国、平天下，达到提高全体人民群众和国家道德水平的目的。我们应强调并坚持"修身为本"的意识，这是中华传统道德文化中最富有中国特色的内容，不仅对人民群众道德修养的提高、人文素养的提升有不同程度的指导和借鉴意义，而且也为国家甚至全人类的道德修养做出了巨大贡献，是我们宝贵的精神财富。

3. 继承"刚健进取"的自强精神，有利于激发人民群众的创造能力

"刚健进取"的自强精神，是中华民族贯穿古今的优良传统，也是中华民族创新精神的不竭源泉。它要求人们充分发挥主观能动性，自强不息，自胜自立。孔子主张人生在世应有所作为并身体力行，其他思想家也认为，应坚定不移地相信一切都只能靠自己而非他人，告诫我们"天行健，君子以自强不息"（《周易·乾卦》）、"为仁由己，而由人乎哉"（《论语·颜渊》）。一切的进取与倒退、成功与失败、善良与丑恶、光荣与耻辱，甚至一切的存亡祸福等都是自己的原因造成的，与他人无关。人们应该反求诸己，不怨天更不尤人。宋朝著名的理学家朱熹在《四书章句集注·论语集注》中强调："学者自强不息，则积少成多；中道而止，则前功尽弃。"刚健进取精神应该是长期、一贯的，而非一时的冲动，应该坚持自强不息、锐意进取。要坚定地做到"居贫穷而志不改，处危难而志弥坚，遇险阻而甘若饴"。渗入中华民族文化血脉中的这种"刚健进取"精神，激励着中华民族"以不息为体，以日新为道"（刘禹锡《问大钧赋》），鞭策着中国人民积极有为、勇于进取、刚健自强，勇于创新。

今天，在实现中华民族伟大复兴、建设社会主义文化强国、增强文化自信的伟大事业中，更应该继承和弘扬"刚健进取"的自强精神，使人民群众始终保持一种积极、乐观、有为的态度对待人生，激发人民群众的创新精神和创造能力，激励人民群众向更加光辉的未来前进。

第三章　中华优秀传统道德文化发展的创新路径

第一节　加强社会主义核心价值观话语体系的有效建设

在新时代背景下，建设社会主义核心价值观话语体系的出发点和落脚点是：内化于心，上升为精神信仰；外化于行，落实为具体行为。

一、优秀传统道德文化中的价值理念在社会主义核心价值观中的体现

社会主义核心价值观倡导富强、民主、文明、和谐，倡导自由、平等、公正、法治，倡导爱国、敬业、诚信、友善。这三个维度十二个方面的价值理念有些直接源自中华优秀传统道德文化，如爱国、敬业、诚信、友善、和谐，有些虽然不是中华优秀传统道德文化的核心价值理念，但也是重要的价值主张，如平等、公正、富强、文明等。正因为如此，中华优秀传统文化发展的路径之一是加强社会主义核心价值观话语体系建设。

下面笔者重点阐述富强、和谐、爱国、敬业、诚信在中华优秀传统道德文

化中的具体呈现：

富强是中华民族的执着追求，也是中华文化在民族和国家层面的价值诉求。虽然富强不等于富裕，但国家和民族的富强离不开千千万万普通百姓的富裕。传统道德文化非常重视国富和民富的统一，主张通过富民保民来实现国家的富强与安定。孔子在回答鲁哀公问政时指出，要通过"省力役，薄赋敛"的方式使"民富且寿也"，认为唯有如此，才能使国强民安。同样，荀子认为民富是国富的基础，国富是民富的必然结果，指出"下贫则上贫，下富则上富"（《荀子·富国》）。这些观点虽然不是社会主义核心价值观中"富强"理念的全部内涵，但藏富于民的观点仍值得借鉴。

推崇和谐是中华传统道德文化的一大特征。在本体论方面，《周易》追求"太和"，《老子》主张"万物负阴而抱阳，冲气以为和"，《庄子》提出"天地与我并生，万物与我为一"。在认识论方面，传统哲学重视对宇宙万物的整体认知和动态把握，通过阴阳五行的变化诠释世界的生成发展之道。在社会管理和政治统治层面，《国语》重视"和合"，《论语》强调"中庸"，《礼记》主张"中和"。和谐不是追求趋同，而是在不同事物之间形成动态的平衡，即"和而不同"。在社会主义核心价值观当中，和谐主要指国家层面各民族、各阶层之间的稳定有序，国与国之间的和睦相处。显然，这与传统的和谐理念不尽相同，但传统道德文化执着于和谐价值目标的态度和广泛使用和谐思维方式的做法仍然值得提倡与秉承。

在为民族生存和发展而斗争的历史过程中，中华民族培育了深厚的爱国主义传统。例如，屈原的《离骚》透露出强烈的爱国主义情怀，范仲淹提出了"先天下之忧而忧，后天下之乐而乐"的爱国主张，陆游主张"位卑未敢忘忧国"，顾炎武指出"天下兴亡，匹夫有责"，林则徐提出"苟利国家生死以，岂因祸福避趋之"的爱国思想，等等。此外，我国历史上也涌现出一大批激励人心的爱国英雄。爱国思想体现了个人利益和国家利益的密切相关性，突显了个人价值追求在国家和民族层面的高阶目标，这是现阶段爱国主义仍然要秉持的。同样，爱国英雄表现出来的不怕艰难、敢于牺牲的气概以及为国家和民族奋斗不已的精神仍然值得后代人继承和发扬。

敬业是传统道德文化中的重要价值理念。早在西周时期，我国先民就提出了敬德保民的观点，后来形成了敬业乐群的价值理念。例如，被认为是儒家学说十六字心传的"人心惟危，道心惟微；惟精惟一，允执厥中"（《尚书·大禹谟》），就体现了敬业思想。其中，"惟精惟一，允执厥中"就有专心致志、不偏不倚的意思。古代设立学校培养学生，"一年视离经辨志，三年视敬业乐群"（《礼记·学记》），其中的"敬业"虽然专指学生一心向学，但也拥有"专一、用功"的普遍含义。孔子主张"执事敬"，朱熹认为"敬业者，专心致志，以事其业也"（《朱子全书》卷一）。韩愈说"业精于勤，荒于嬉；行成于思，毁于随"（《劝学解》），这些观点要求人们集中精力专门从事自己的事业。在传统社会，敬业主要指专心于学业和农业生产；在当代，敬业涵盖的范围非常广，但忠于职守、专精钻研仍然是敬业的基本含义。具体来说，敬业就是要求人们把心思和精力集中到本职工作上来，以严谨认真、精益求精的态度做好自己所从事的工作。

中华传统道德文化非常重视诚信，诚信是人立身处世的根本，是成就事业的基石。在中华传统道德文化中，诚不只是学习、修为、处事方面的诚实守信，更是内心的真诚无妄。诚实守信是真诚之心的外在表现，真诚无妄是诚信的内在根源。子思认为："诚者，天之道也；诚之者，人之道也。"（《中庸》）显然，子思已经将"诚"上升到本体的高度，并把"诚"视为人们立物、立事、立人的根本。后来，作为"北宋五子"之一的周敦颐进一步巩固了"诚"的本体地位，提出了"诚，五常之本，百行之源也"（《周敦颐集·通书》）。不同于"诚"，"信"指的是在与他人交往时遵守诺言，讲究信用。孔子指出："与朋友交，言而有信，人而无信，不知其可也。"杨泉认为："以信接人，天下信之；不以信接人，妻子疑之。"（《物理论》）"诚"与"信"在本质上是相通的，"诚则信矣，信则诚矣"（《二程集·河南程氏遗书》卷二十五）。只不过"诚"偏重心性，"信"偏重外在表现。传统的诚信是德性主义的范畴，主张通过尽性、尽心、尽言实现内在德性的外化，最终达到个体身心的平衡、人际关系的和谐和社会秩序的稳定。当前，我国正通过构建社会诚信体系来完善社会主义市场经济体制。在这一过程中，不仅要重视信用式的诚信，而且要继承传统诚信的优秀内核，通过反躬自省培养个体的真诚无妄之心。

在中华传统道德文化当中，友善主要表现为仁爱。仁爱思想是儒家的核心主张之一，也是中华传统道德本质特征之所在。传统道德文化将个人置于社会关系当中，分析人的本质和属性，因此，个人的修身养性和外在事功都离不开与他人的联系。在传统社会当中，最基本的单位不是个人，而是家庭，正是千千万万的家庭组成了整个国家和社会。正因为如此，传统文化非常重视人与人之间的友善。不管是儒家主张的"仁者爱人""君子以仁存心"，还是墨家提倡的"兼相爱，交相利"，都突出了人际关系中友善的重要性。当前，受工业文明和市场经济的影响，人与人之间的关系变得愈发紧张和复杂，这就迫切需要提倡传统的仁爱思想，重建人与人之间友善的人际关系。

　　总之，在全社会积极培育和践行社会主义核心价值观的同时，不能脱离中华传统道德文化，应把两者有机结合起来。一方面，要依据社会主义核心价值观来鉴别、区分传统道德文化中的精华和糟粕，通过继承优秀传统道德文化进一步丰富社会主义核心价值观，同时实现传统道德文化的现代重生；另一方面，要借助优秀传统道德文化这一富有生命力的思想载体，使社会主义核心价值观不断内化为人民群众的思想观念，外化为人民群众的善行义举。

　　如上所述，中华优秀传统道德文化的价值理念在社会主义核心价值观中均能得到体现，换言之，社会主义核心价值观与中华优秀传统道德文化的价值理念有异曲同工之妙，因此，加强社会主义核心价值观话语体系建设也能够促进中华优秀传统道德文化在现实社会中的创新发展。

二、社会主义核心价值观话语体系的构成要素

　　我国根据社会主义核心价值观话语"谁来讲""对谁讲""讲什么""在哪讲"的逻辑，构建以话语主体、话语受众、话语内容、话语载体为基本要素的社会主义核心价值观话语体系。

（一）话语主体

　　社会主义核心价值观话语体系的构成要素——话语主体，对应社会主义核心价值观"谁来讲"的问题。话语是以"我"为中心的交往模式，凸显主体性与主动性。

　　社会主义核心价值观的话语主体是主动向话语受众教育、传播、弘扬社会主义核心价值观的发声者、行动者和代言者，相较于话语受众，其话语内容更明显，价值观念更清晰，权力属性更强硬。公开说出的话语本身即具有无可置

疑的力量，在话语受众不确定且数量较多的时候，话语的力量往往不容小觑，话语主体通常利用其话语背后的影响力和威慑力，确保发言人话语内容的真实性。话语内容的真实性和真理性会根据话语主体手握的权力不同而发生变化，同时，话语环境会影响话语主体的权力。除了个人，国家、社会也可以充当话语主体，它们渗透出价值观话语的权力属性更为突出。社会主义核心价值观话语主体享有的话语权是权力和权利的有机统一。一方面是主流意识形态的领导力和影响力，是国家政治权力在文化领域和思想领域的体现；另一方面，是话语主体所享有的创造权、表达权、使用权等权利，是公民享有的基本政治、文化权利。

（二）话语受众

社会主义核心价值观话语体系的构成要素——话语受众，对应社会主义核心价值观"对谁讲"的问题。话语是人际交往的媒介，是信息传递的载体，话语产生的意义在于向话语受众传递有价值的内容，话语主体是以"我"为中心的传播链体，话语受众作为接受信息对象的"你"，具有被动、消极的属性。根据传统传播学理论，受众仅具有"受"的特质，但是随着科学技术的发展，互联网助力大众彰显个性，话语受众不再只是单向接受主体发布的信息，还会主动搜索信息，甚至发布信息。受众之间相互协作、相互验证，并由此不断调整目标、校正信息偏差，使得碎片化信息间的裂缝逐渐被修补与弥合。话语受众开始凸显主体性，参与词汇创作、话语传播、叙事修辞的话语生成过程。话语受众更容易基于人生境遇和生活环境，对信息产生价值认同和情感共鸣，在话语主体的理性认知培育下，形成价值共识。新兴媒体的迅速发展，打破了"主客"二分的对立状态，形成良性的交流互动关系，基于微观叙述和利益需求，创新平等的主体与受众之间的话语交往。新兴媒体传播方式促使"媒体场信息传播呈现出'多对多''去中心化'等特点，人人都可以成为传播者"。

新时代的年轻人更愿意彰显个性，积极主动地表达自己对价值观问题的理解和看法。媒体为他们提供平台，良好的互动关系可以激发话语受众的责任意识。虚拟世界需要培育话语受众的道德观念，为社会主义核心价值观的传播构筑阳光、绿色的网络环境。

（三）话语内容

社会主义核心价值观话语体系的构成要素——话语内容，对应社会主义核心价值观"讲什么"的问题。虽然社会主义核心价值观以三个倡导、十二个词、二十四个字的表述被确定下来，但是社会主义核心价值观话语内涵丰富、博大精深，需要结合时代话语进行阐述与解读。中国人民大学教授刘建军认为，社会主义核心价值观的国家层面、社会层面、个人层面都有其来源和依据，第一个层次的内容照搬了我们国家奋斗目标的表述，第二个层次的内容浓缩了我国公民意识的基本理念，第三个层次的内容拣选了我国公民基本道德规范中的主要内容。国家、社会、公民个人三个层面的社会主义核心价值观话语内容，浓缩了新时代中国人民的价值共识，是对中华优秀传统道德文化的继承和弘扬，是对世界优秀文明成果的学习和借鉴。

社会主义核心价值观的话语内容，始终以实现人的自由发展为价值目标。一方面，改善物质生活条件是实现全面发展的前提条件。敬业、乐业是中国人民对职业生活的自我要求。将人生事业与个人职业相融合，能够自由自主择业、创业、敬业，热爱本职工作并将其当成奋斗终身的事业，也是人民群众对美好生活的生存需求。"富强"是对中国经济发展提出的价值标准，也是对发展生产力的必然要求；通过提高人的物质生活条件，积累物质财富，实现国富民强。另一方面，"衣食足而知荣辱"（《史记·管晏列传》），热爱祖国始终是中华民族历来的传统美德，千百年来，我们中华民族虽历经无数内忧外患，却能够一次又一次地转危为安，巍然屹立于世界民族之林，靠的就是这种流淌在中华民族血脉中的爱国主义精神和传统。

（四）话语载体

社会主义核心价值观话语体系的构成要素——话语载体，对应社会主义核心价值观"在哪讲"的问题。载体，即能够承载其他物质的物质体，可以是有形的也可以是无形的；道德教育载体是指"能够承载和传递道德教育内容的一种物质存在形式"。开会、谈话、理论学习、管理工作、文化建设、大众传播、精神文明创建活动等，都可以作为道德教育的载体，所以，话语载体是承载社会主义核心价值观话语内容的物质存在形式。

社会主义核心价值观的话语载体需要符合以下条件：第一，必须能够承载社会主义核心价值观的话语主体、话语受众、话语内容等信息，并且能对社会主义核心价值观的传播、认知、认同发挥重要作用。通过面对面交谈的方式进行社会主义核心价值观话语传播，这种方法最为简单易行，但是作用力不强、影响力不足，需要借助各种媒体、媒介。第二，必须能够使得话语受众参与到社会主义核心价值观传播的过程中，并与话语主体构成平等交流关系，使其从被动接受者转变为主动发言人。

当今，全媒体时代，新兴媒体逐渐成为社会主义核心价值观的话语载体，与传统媒体相比，它具有三个方面的优势：第一，覆盖面更广，自媒体使话语受众由确定扩展到不确定，并且能够深入各行各业、社会各个角落，使社会主义核心价值观话语具有强大的群众基础；第二，传播速度更快，人们用 QQ、微信等网络工具发送信息，5G 网络在理论上可以实现每秒 10 Gb 的下载速度，大数据时代下需要更敏锐的洞察力和更快速的信息收集能力，互联网使得社会主义核心价值观话语的时效性大大提高；第三，影响力更大，微博、微信等社交媒体使得世界各地成为近在咫尺的"地球村"，人与人之间通过互联网拉近距离，形成"电子'交互式'的网络传播"，每个人都既是信息的接收者，又是信息的发出者，这为构建平等交流的社会主义核心价值观话语主客体关系提供了技术基础。新媒体相对于社会主义核心价值观是一种重要的传播载体，社会主义核心价值观对于新媒体亦有平台整合与价值引领的作用。构建新时代社会主义核心价值观话语体系，既要借助传统文字媒体的优势，也要借助电子媒介、新媒体媒介的技术手段，以图文并茂、大众喜闻乐见的传播方式，为人民群众在精神文化生活中提供价值指引。

三、社会主义核心价值观话语体系的基本特征

社会主义核心价值观话语体系是由话语主体、话语受众、话语内容、话语载体、话语方法、话语效果等要素构成的有机联系的统一整体，是解决新时代社会主义核心价值观"谁来讲""对谁讲""讲什么""在哪讲""怎么讲"等一系列问题的科学体系。社会主义核心价值观话语体系既要彰显中国特色又要符合话语生产、传播、认同的客观规律，既要拥有丰富的理论积淀又要拥有成熟

的实践基础，既要体现社会主义核心价值观的科学理性又要贴近人民群众的生产生活，既要高度凝练又要与时俱进，因此，社会主义核心价值观话语体系，是理论性与实践性的有机统一，是先进性与群众性的有机统一，是民族性与世界性的有机统一。

（一）理论性与实践性的统一

社会主义核心价值观话语体系的理论性是由其构成要素和逻辑体系所决定的，话语体系是逻辑严密的统一整体，各要素之间逻辑缜密、密不可分。没有话语主体，就没有话语体系的基石，话语内容就没有吸引力、影响力；没有话语内容，话语体系就失去了存在的意义，变得空洞无力；没有话语载体，话语体系就无法对接最新的网络技术和传播媒介；没有话语方法，就难以讲好中国故事、传播好中国声音。因此，每一个构成要素都有其独有的意义和作用。

社会主义核心价值观话语体系的理论性体现在始终坚持马克思主义基本原理上。社会主义核心价值观是由中国特色社会主义进入新时代的物质生活条件所决定的，同时又对新时代中国特色社会主义的发展发挥能动的反作用。新时代需要构建反映人民群众精神面貌的大众话语体系、反映中国气派和中国文化的政治话语体系、反映马克思主义哲学社会科学的学术话语体系。社会主义核心价值观话语体系的内容，需要将马克思主义价值观同中国传统伦理文化与新时代道德建设的实际情况相结合，要符合"中国化的马克思主义伦理思想"。社会主义核心价值观话语体系的理论性体系在话语、方式、方法上符合道德教育理论。道德教育的主要内容包含世界观教育、政治观教育、人生观教育、道德观教育等，其中，价值观念、价值评价、价值目标等问题是重要组成部分。核心价值观教育需要采用理论灌输法、实践锻炼法、榜样示范法、比较鉴别法、自我教育法、咨询辅导法等多种方式方法。创新社会主义核心价值观话语的方式方法时，也应当以相应的方法论为基础，包括话语表达方法、话语转义方法等。

话语体系的实践性体现在四个方面。首先源自话语的自身属性。语言是因人与人之间的交流而产生的，是一种实践的、既为别人存在也为自身而存在的、现实的意识。其次，是因为社会主义核心价值观话语体系来自中国共产党长期以来的实践探索。再次，是因为社会主义核心价值观话语体系的建设来自新时代培育与践行社会主义核心价值观的实践成果。最后，社会主义核心价值观话语体系本身就蕴藏于人民生产生活的实践活动之中。文化多样性和科技现代化导致社会主义核心价值观话语众口难调，需要根据现实的人的实践活动，从人民的利益出发，总结出人民共同的价值观话语。因此，新时代社会主义核心价值观话语体系，必须来自实践，指导实践。

社会主义核心价值观话语体系的理论性确保话语体系结构合理、逻辑严谨，其实践性确保话语体系扎根现实、易于操作，两者相辅相成、缺一不可，理论性与实践性有机结合才能最大程度地发挥理论的指导意义与实践的物质力量。

（二）先进性与群众性的统一

党和人民对美好生活的追求需要社会主义核心价值观的引领，建设国家、社会，做人，都需要社会主义核心价值观的指导，因此，先进性是话语体系的本质属性。政府要将培育和践行社会主义核心价值观融入国民教育的全过程，落实到经济发展实践和社会治理中；要以先进引领后进，以文明进步代替愚昧落后，以真善美抑制假恶丑，教育引领广大人民群众不断提高思想觉悟和道德水平。

先进性是中国共产党的本质属性。正是因为依靠马克思主义的科学理论与中国共产党的革新精神，才使得中国人民站起来、富起来、强起来。社会主义核心价值观话语体系的先进性体现在话语体系建设始终坚持马克思主义的指导地位上。先进性原则要求党员干部在践行社会主义核心价值观方面发挥积极模范作用。

党员干部是社会主义核心价值观话语权的一方主体，在话语认知、表达、陈述、转换等方式上有重要的存在意义，可以成为连接党同人民群众的桥梁和纽带。一方面，党员是有着较高的共产主义觉悟的先锋战士，能够较好地理解社会主义核心价值观话语的科学内涵；另一方面，党章规定要求党员带头实践社会主义核心价值观，以自己的实际行动实现文本话语向行为话语的自觉转化。

群众性则意味着中国共产党走群众路线的思维方式和以人民为中心的发展思想，要运用到价值观话语体系的建设中。以人民为中心，构建社会主义核心价值观话语体系，注重社会主义核心价值观的日常化和生活化，要从百姓的生产生活着手，从群众的切身利益出发，找到问题的症结所在。群众性意味着人民掌握社会主义核心价值观的话语权，充实具有人民性的话语内容，增强人民群众在话语体系中的获得感、幸福感和安全感。人民群众作为话语主体，应当在话语体系建设中积极发挥主动性、能动性，依法行使社会主义核心价值观话语的创作权、表达权、传播权。

社会主义核心价值观话语体系先进性与群众性的统一，是维系党同人民群众血肉联系的保证。先进性是对话语体系政治方向的要求，也是对党员干部、高校青年行为话语的要求；群众性是话语体系接地气的体现，也是理论联系实际、与时俱进的体现。话语体系的先进性是群众性的出发点，只有坚持正确的思想定位，才能确保主流意识形态的话语权和科学的话语内容；话语体系的群众性是先进性的落脚点，构建社会主义核心价值观话语体系就是要让社会主义核心价值观落细、落实，使马克思主义庞大的理论体系为人民群众所认知、认同，并指导各行各业的学习、工作和生活。

（三）民族性与世界性的统一

社会主义核心价值观是根据新时代中国人民和中华民族在价值观问题上的美好追求所提出的新论述，也是世界各国人民对构建美好世界的共同价值追求，因而兼具民族性与世界性。

首先，社会主义核心价值观话语体系应当具有中国特色。社会主义核心价值观话语体系深深扎根于中华民族五千年的文明土壤之中。距今五千多年前，黄河、长江中下游区域出现了文明起源现象，伴随着对大自然的探索，当时社会的人们也开始对道德、制度、价值观念等问题进行探讨。公元前 11 世纪，中国历史上第一部诗歌总集《诗经》开始对人的德行、操守、素养问题进行描述和称颂，如《诗经·淇奥》中所说的"如切如磋，如琢如磨"，是对君子修养的一种追求，以诗歌的话语表达方式，重复称颂的话语内容，赞美当时人们认可的高尚德行。中华优秀传统文化中有许多描述修养、德行的内容，如仁爱、民本、诚信、清廉等思想，都是先贤们对君子人格和价值观的表述。我国有五十六个民族，不同地域孕育出不同的地区文化，因此社会主义核心价值观话语体系应当体现地方民族特色。我们必须认识到，在中国特色社会主义进入新时代的背景下，社会主义核心价值话语体系建设必须体现社会主义的本质特征和中国特色社会主义的时代特征。

其次，新时代构建社会主义核心价值观话语体系具有世界意义。以国际化视野包容世界优秀文明成果，立足于构建人类命运共同体，从话语体系的视角，为世界价值观建设提供中国道路。哥伦布航海、新航路的开辟开启了经济全球化，信息革命则是加速了经济全球化的进程，地球上生活在不同大陆板块的人可以通过互联网实现通话、交流、贸易等。信息交流的便捷为文化传播提供了可能，不同国度、不同民族的人都可以展现本土文化，不同肤色、国籍的人以各种语言诠释自由、美德、勇敢等价值观的内涵，可谓"一花独放不是春，百花齐放春满园"。"大道之行也，天下为公"，中国正在为建立和谐世界而担当起大国责任，传播中国价值，贡献中国智慧。构建社会主义核心价值观话语体系，将中华文化与世界文明融会贯通，凝练提升，为世界人民协力解决全球性危机寻求价值共识。

社会主义核心价值观话语体系的民族性与世界性是辩证统一的，两者相辅相成。在话语权建设上，既要坚持马克思主义主流意识形态的主导力，又要坚持中国价值观在国际舞台上的影响力；在话语内容上，既要阐释中华优秀传统文化、革命文化、社会主义先进文化中关于价值观的内涵，又要融合西方近现代文明对人类共同追求的价值目标；在话语表达的方式方法上，既要复兴古代社会"诗言志、风雅颂"的话语表达方式，又要使用互联网背景下自媒体、新媒体以及国际通用语言的叙述方式。

四、价值观话语体系的中华优秀传统道德文化渊源

中华优秀传统道德文化是中华民族的"根"与"魂"，是社会主义核心价值观的思想渊源；建设话语体系，应当追溯中华民族精神和道德观念，从历史传承中汲取文化养分。中华传统道德文化经历了百家争鸣、经学兴盛、玄学流行、儒释道并立与理学发展等几个重要时期，并以孔子创立的儒家学说为贯穿其中的主线，随着时代变迁，不断地发展进步，与朝代更迭相称，与社会发展相应。中华优秀传统道德文化中蕴含的价值旨趣、价值认知和价值评判成为新时代社会主义核心价值观话语体系的思想渊源。忠君爱国、孝亲敬老的传统观念，成为价值观话语主体的传统道德文化渊源，"仁义礼智信"成为传统价值观

的话语内容，"教化"思想引导社会成员在日常生活中自觉践行价值准则，达到"百姓日用而不觉"的教育目的。

（一）关于价值观话语主体的中华优秀传统道德文化渊源

在中国两千多年的封建历史中，以儒家思想为核心的传统学说引领了当世主流价值观，在处理人与人、人与社会、人与自然的关系中，儒家坚持忠君爱国的民族气节与孝亲敬老的伦理纲常，由封建君主与父系亲族共同构成话语主体。《论语·颜渊》中有云："君君，臣臣，父父，子子"，董仲舒在《春秋繁露·基义》中提出"君臣、父子、夫妇之义，皆取诸阴阳之道。君为阳，臣为阴；父为阳，子为阴；夫为阳，妻为阴……是故臣兼功于君，子兼功于父，妻兼功于夫，阴兼功于阳，地兼功于天。"将君与臣、父与子、夫与妻分为阴阳两种属性，规定社会关系中的主导与附属地位，表明家国一体下话语的主客体关系。清华大学的方朝晖教授将传统"三纲"思想解读为"不把'小我'凌驾于'大我'之上，不把个人凌驾于组织之上"。

《礼记·大学》记载："古之欲明明德于天下者，先治其国；欲治其国者，先齐其家；欲齐其家者，先修其身。"由此奠定了华夏子孙以天下兴亡为己任的民族精神。自秦统一中原，开启了中央集权统治，虽然"忠"的对象是君主，但历史依然会记录下岳飞、文天祥、于谦等救国于危难中的民族英雄，也会记录下晏子、范仲淹、于成龙等为百姓谋福利的清廉官员，他们忠于国家，忠于民族，忠于百姓。《孝经·圣治》中提到："父子之道，天性也，君臣之义也。"中华传统文化中蕴藏的家国情怀，将父与子比喻成君与臣，将家庭关系上升为政治关系。《孝经·开宗明义》又讲"夫孝，德之本也"，指出孝是所有美德的出发点，自儿时起侍奉父亲、爱戴母亲的心便有了，随着年龄的增长和知识的积累，子女习得礼仪，就更加理解孝的含义了。父母养儿育女符合自然法则，儿女孝敬父母仿若乌鸦反哺、羔羊跪乳，是需要提倡和学习的伦理纲常。

（二）关于价值观话语内容的中华优秀传统道德文化渊源

伦理关系中，"五伦"为要。《孟子·滕文公上》："圣人有忧之，使契为司徒，教以人伦：父子有亲，君臣有义，夫妇有别，长幼有序，朋友有信。"圣人教导人们在处理"五伦"这样的人际关系的时候，要秉持伦理，即父子之间保持血缘之亲，君臣之间保持尊重之义，夫妻之间保持尊卑之别，长幼之间保持等级之序，朋友之间保持交往之信。

古往今来，以儒家"五常"为代表的中国古代思想始终贯穿于中华伦理演变进程之中，孔子早先提出"仁、义、礼"，孟子将其延伸为"仁、义、礼、智"，董仲舒又将其扩充为"仁、义、礼、智、信"，由此形成系统完善的儒家思想，并延续到后世，谓之"五常"。

《孟子·告子上》："恻隐之心，仁也；羞恶之心，义也；恭敬之心，礼也；是非之心，智也。仁义礼智，非由外铄我也，我固有之也，弗思耳矣。"学界以孟子学说为"五伦""五常"的雏形，并认为它是至关重要的人伦道德原则。

1. 仁

"恻隐之心，仁也"，仁即同情、关爱别人。董仲舒言"仁之法在爱人，不在爱我"（《春秋繁露·仁义法》）。仁是对除自己之外任何人的关心、照料、同情，是一种宽容对待他人的态度。儒家提出的仁还包括爱子爱民，提倡宗法等级制度，提倡恢复礼制，人人各守其位不越矩，在家庭关系中，父亲要爱护自己的儿子，在国家关系中，君主就要爱护自己的子民。"亲亲而仁民，仁民而爱物"（《孟子·尽心上》），君子如果以身作则，亲近、关心、爱护自己的亲人，就会以仁德之心对待天下人民，也会爱惜大自然中的一草一木，乃至世间万物。仁是孔子最注重的品格，子曰："苟志于仁矣，无恶也。"（《论语·里仁》）儒家经典《礼记·礼运》中描绘的大同社会，更是处处体现仁者爱人，"故人不独亲其亲，不独子其子，使老有所终，壮有所用，幼有所长，矜、寡、孤、独、废疾者，皆有所养"，每个人都不只关爱自家的老人，不只抚养自己的子女，使每个人都能在社会上实现自己的人生价值，这与马克思所提出的共产主义社会不谋而合，与社会主义和谐观相得益彰。

2. 义

"羞恶之心，义也。"（《孟子·公孙丑上》）孟子认为义是明羞耻、辨善恶的价值取向，这种价值观人生来就有，亦可后天舍弃，这取决于主体是否将其奉为自己的行为标准。所以在《春秋繁露·仁义法》中，董仲舒提出仁是对他人的态度，义是对自己的要求："以仁安人，以义正我。"对待他人要体恤关怀，对待自己要严格自律："义之法在正我，不在正人。我不自正，虽能正人，弗予为义。"如果自己都没有是非善恶之心，纵使有能力去要求别人，那也不是义的正解，因此，义在于躬身践行，唯有以身作则、洁身自好，他人才会积极效仿。儒家认为仁是人的本性，是由内而外自发的，而义与仁不同，义作为行事的准则，是外在条件所要求的。中华传统道德文化中一直倡导"重义轻利"的义利观，"君子爱财，取之有道"正是"重义轻利"的具体表现。自古以来，多少英雄豪杰以"舍生取义、杀身成仁"为价值追求，此"义"为民族大义，他们早已将生死置之度外，更何言利。义作为对人的内在道德的外在规制，在人的道德的培育和践行过程中地位显要、作用显著。

3. 礼

"辞让之心，礼之端也。"（《孟子·公孙丑上》）孟子认为辞让之心是施行礼的开始，"恭敬之心，礼也。"（《孟子·告子上》）孟子还认为恭敬之心是礼的真谛，故辞让之心与恭敬之心均为孟子对于礼的解读。中国自古就是礼仪之邦，自周公治礼、孔子复礼开始，帝王都重视礼的作用，并以此来维护社会秩序。荀子从人性恶的角度出发探讨礼的源起："人生而有欲，欲而不得，则不能无求；求而无度量分界，则不能不争；争则乱，乱则穷。先王恶其乱也，故制礼义以分之，以养人之欲，给人之求。"（《荀子·礼论》）他认为，礼是用来满足人民的欲望的，就像美食、美酒、美器一样，是不可缺少的一部分，礼制对上可以祭天，对下可以祭地，在天地之间是用来祭奠先祖和尊重老师的，由此可见荀子对礼制的重视程度，所以他才提出："天下从之者治，不从者乱；从之者安，不从者危；从之者存，不从者亡。"儒家经典《礼记》一书专门记载了各项礼仪制度，如《冠义》《昏义》等篇目。《论语》中记载了孔子的一言一行，如《乡党》篇中"食不言，寝不语""席不正，不坐""乡人饮酒，杖者出，斯出矣"等，是在衣食住行等方面注重礼仪的表现，体现了对长者的尊敬、对他人的礼貌等，不仅是现代社会百姓日常生活中还在遵守的道德规范，还是家庭教育中对子女的行为要求。

4. 智

"是非之心，智也。"孟子认为智是对事件是非对错的判断，是对真理的论证。孔子曰"朝闻道，夕死可矣"（《论语·里仁》），道即事物的普遍规律，是世界的本源，每个人都应当对知识有所探求。《论语》第一篇便是《学而》篇，其中提到"学而时习之"，教导人们学习时要复习、常习，饱含对知识的渴望。朱熹在《论语集注·卷一》中提出《学而》篇"乃入道之门、积德之基、学者之先务也"。先秦诸子百家都从不同的角度理解事物的内在发展规律和人性的价值取向：儒家从仁爱礼义的角度分析宗法礼仪制度的合理性；道家从人与自然的角度主张无为而治、顺其自然，提出小国寡民的治理思想；法家以人性恶为出发点提出明法重刑，平等地惩罚每一个违法者，才能匡扶大道、伸张正义；墨家从和平、平等地保护弱者的角度勾勒出人人相亲相爱的理想蓝图。这都是古代智者对理想社会的追求，先贤对人的本性和社会历史发展规律的探索，是智的体现。董仲舒认为"故仁者所以爱人类也，智者所以除其害也"（《春秋繁露·必仁且智》），孔子则认为"小人同而不和，君子和而不同"（《论语·子路》）。这两句话说明："仁是对他人的关心爱护，但是社会成员中有君子、有小人，有善人、有恶人，不能无差别地对待所有人，因此，智是指明是非、辨好坏。"有智者可以明确自己行为是对是错，是否符合社会发展规律，是否有利于他人生活，提前知道事情发展中的利害关系，洞晓内在规律和演变趋势，言简意赅却可一语中的，如"墨子救宋""草船借箭"等都传递出智者对于天地万物的洞察力，同时，智者可以使用正当的方式方法为民除害。良知源自内心生而具有，并且需要通过实践去感悟领会。智者悟道的过程虽艰辛，但理论终会转变为推动社会进步、造福百姓的力量。

5. 信

西汉政论家贾谊将"信"价值观纳入"五常"体系，董仲舒则从孟子所说的仁义礼智、孝悌忠信八德中，总结出"五常"，使仁义礼智信完备。孟子虽然没有明确提出诚信的价值观念，但并不意味着儒家不重视"信"。孔子曰："与朋友交，言而有信。"（《论语·学而》）又曰："人而无信，不知其可也。大车无輗，小车无軏，其何以行之哉！"（《论语·为政》）是指如果对朋友失信，就好像大车没有车輗，小车没有车軏，没有横梁的链接，车辆无法正常行驶，人失去了诚信也就没有了立足点。孟子在五伦中提出"朋友有信"，这是处理人际关系中不可或缺的道德品性。

五、社会主义核心价值观话语体系建设的内容

中国特色社会主义进入新时代后，意识形态宣传工作与价值观教育工作也随着时代发展而与时俱进。我们应该从话语主体、话语受众、话语内容、话语

载体等方面，辅以话语方法，构建社会主义核心价值观话语体系，实现预期的话语效果，增强社会主义核心价值观的引导力和影响力。

（一）社会主义核心价值观的话语主体建设

话语主体建设是解决社会主义核心价值观"谁来讲"的问题。话语主体的身份并不是与生俱来或一成不变的，他们是"在话语连接的领导权实践中构建起来的……并且随着话语连接的变化而不断地革新、不断地流动"。有学者提出话语主体权力的三要素"语言、知识及表达途径"，"语力"的强弱程度受到三要素的影响，而这三者都围绕话语主体搭建的内容体系，话语主体通过语言将知识表达出来，不同主体的侧重点和表达方式皆有所不同。不同话语主体和媒体主体在社会主义核心价值观的教育引导、实践养成、制度保障中发挥不同的作用：国家作为话语主体，承担着倡导、引领的职责；社会作为话语主体，起构筑话语平台，净化话语环境，营造向善、向上的社会风气的作用；公民个人作为话语主体，通过平等对话交流，自觉主动担当发言人和践行者，将社会主义核心价值观内化于心、外化于行。

1. 社会主义核心价值观话语的国家主体

社会主义核心价值观其实就是一种德，既是个人的德，也是一种大德，就是国家的德、社会的德。国家作为话语主体，一方面肩负倡导主流价值观、对外传播中国价值的职责；另一方面，国家领导者、决策层作为践行者，应当身体力行，将政治话语转化为具体的政策和执政行为。

国家作为话语主体，有其特殊性。首先，价值观话语的表达方式倾向于鸿篇巨制。中国是拥有五十六个民族的国家，每个人的价值取向和评判标准不尽相同，但是如果全国、全党没有一个普遍认同的价值观念，就无法实现中华民族伟大复兴的中国梦。国家作为话语主体，需要找到中华儿女公认的表达方式，才能最大限度地激发全民族奋斗的精神动力，同时为社会保持稳定和谐提供潜在的准则。历史和现实都表明，社会主义核心价值观是一个国家的重要稳定器。其次，国家主体所阐释的话语内容既需要结合中华优秀传统道德文化，又需要借鉴世界优秀文明成果。中华民族优秀传统道德文化已经成为中华民族的基因，植根于中国人的内心，影响着中国人的思想和行为方式。社会主义核心价值观的建立离不开上下五千年的华夏文明，其话语内容是对中华优秀传统道德文化的继承和发展，是中华优秀传统道德文化在新时代的创造性转化和创新性发展。在各国相互尊重、平等对话交流的前提下，承认世界民族差异，包容不同文化，相互学习，汲取对中国发展有益的话语内容、方式方法，构建社会主义核心价值观话语体系。最后，国家作为社会主义核心价值观话语主体，其传播方式要依托国内新媒体平台和国际文化交流平台。例如，微博是国内最大的网络传播载体，很多重大事件都是首先通过微博传播形成了舆情，进而转化成一种舆论，影响着人们对这些事件的认知和态度。因此，微博作为新媒体的重要力量，对社会主义核心价值观的传播起到至关重要的作用。又如，"一带一路"倡议不仅是为沿途各国提供货物贸易的条件，更为多样文化间的交流互通提供了平台。"一带一路"高校战略联盟、孔子学院以及友好城市和各国文化交流年等项目都为中国价值的传播提供了机会，让世界更好地认识中国。

国家作为话语主体，需要将社会主义核心价值观话语融入顶层政策设计，将人民对美好生活的向往同国家奋斗目标联系在一起，与国家梦、民族梦、幸福梦相映成趣，与新时代国家战略布局、发展思想、价值旨归内在契合，并统一于中华民族伟大复兴的事业中。社会主义核心价值观是新时代中国特色社会主义事业的价值核心，与"五位一体"总体布局和"四个全面"战略布局相契合，二者互为表里。

2. 社会主义核心价值观话语的社会主体

社会主义核心价值观的社会层面，倡导自由、平等、公正、法治的价值指向，如果说国家作为话语主体倾向于宏观层面的价值目标，那么社会作为话语主体则更倾向于微观层面的价值实现，通过企业、公益组织和公众人物，发挥号召力与影响力，落实社会主义核心价值观。社会主体指的是，在经济建设、社会治理、公益服务过程中，创作、传播并践行与社会主义核心价值观相符的文化、精神，体现中国价值，营造诚信、敬业、互助等优良社会氛围的组织。在新时代，社会作为话语主体，不仅是物质财富的创造者，也是社会责任的承担者，要实现经济利益和社会效益的统一。

3. 社会主义核心价值观话语的人民主体

人民是国家的主人，是社会主义事业的建设者，也是文化、艺术产品的生产者，更是主流意识形态的发言人和创造者，所以，公民个人理应成为社会主义核心价值观的话语主体。我们认为，作为话语主体的人民，应当是认知、认可、认同并自觉践行社会主义核心价值观，将其内化为理想信念、外化为行为准则，在人际交往、对外传播方面发挥积极作用的现实的人。

建设社会主义核心价值观话语的人民主体，要做到以下几方面：首先，确保话语主体间的平等地位。利用官方主流媒体、互联网社交媒体或者自媒体公众号搭建平台，设置与社会主义核心价值观相关的话题讨论，邀请社会各方主体积极参与，并鼓励其踊跃发言。其次，保证话语主体间的信息共享能力。构建理性交谈情景，需要确保交谈内容的真实性和参与者的主动性，在一个适当的主题下真诚地表达对问题的认识，表达情感和意愿。话题组织者应当为每个参与者提供充足的信息，或者共享信息来源渠道，以供发言人平等、真诚地表达观点。保证各社会主义核心价值观话语主体间能自由、积极地参与话题讨论，并且自愿、主动地表达观点，特别是处于"互联网＋"与大数据时代，应当多向社会成员公开信息。最后，促进各话语主体间的对话交流。唯有通过语言交往，单独的人才能组合为社会，话语是人与人交往的物质媒介，是构建社会人际关系的平台，在主体间的平等关系下，就同一话语主题，采用对话、交流的方式，更能够进行尽情探讨、彻底辩论，达成一致。新时代下建设生活化社会主义核心价值观话语体系，要求话语主体能够形成辨别是非的能力，在社会活动中，形成正确的价值认知和一定的行为能力。在平等对话的环境中，促进社会主义核心价值观的话语传播朝着多向互动发展。

人民群众是社会主义核心价值观最为主要的话语主体，承担着创作、传播、践行的权利和义务。社会主义核心价值观的话语主体建设，应结合不同价值观主体的话语特点、行为特点，围绕人民群众的生产生活和切身利益，调节国家、社会与公民之间的主客体关系，发展人民参与社会主义核心价值观话语生成过程的方式方法，使人民言之有理、言之有声、言之有应。

（二）社会主义核心价值观的话语受众培养

话语受众是社会主义核心价值观话语的对象，解决的是社会主义核心价值观"对谁讲"的问题。根据传统传播学理论，主体与受众存在二元对立关系，但是随着受众需求的转变、新兴媒体的技术革新，话语也从"主体中心"转到"受众中心"，再向"主体受众并存"发展。要注意把社会主义核心价值观日常化、具体化、形象化、生活化，使每个人都能感知它、领悟它，特别是针对领导干部、公众人物、青少年、先进模范等重点人群。所以要根据受众的特点和需要，着重培养社会主义核心价值观话语的党员干部受众、学生受众与群众受众。

1. 社会主义核心价值观话语的党员干部受众

中国共产党党员是共产主义的先锋战士，有着较高的理想信念和共产主义觉悟，能够全面认识、认同社会主义核心价值观。中国共产党的有志之士都是社会主义核心价值观的践行者。积极培养社会主义核心价值观话语的党员受众有利于发挥模范示范作用，以更好地引导群众自觉践行社会主义核心价值观。

首先，通过形式多样的党内主题教育活动，培养社会主义核心价值观话语的党员干部受众。将社会主义核心价值观的基本理论作为主题教育的内容之一，推动党员干部全面、透彻地理解社会主义核心价值观的政治话语、理论话语和生活话语，并以此作为政治生活的行为标准，使自己成为人民群众的榜样模范。

其次，党员领导干部是社会主义核心价值观话语的特殊受众，应当结合其所在岗位对其进行专业培训。针对从事宣传工作的思想道德工作人员，重点培训社会主义核心价值观话语的表达方式和传播方式，使其掌握组织学习话语翻译和叙事方法等实践层面方法论；针对领导干部，重点培训社会主义核心价值观话语的科学内涵，使其学会解读社会主义核心价值观与新时代国家、社会、个人发展的内在关联，结合当地群众的精神文化需要，成为引领社会发展和地方建设的价值引领和价值理想。

最后，通过完善党内监管制度和纪律法规，监督社会主义核心价值观话语的党员干部受众。领导干部的价值观不只代表个人，还代表国家和社会，因此，必须完善党内监督制度，健全党纪党规。对于以身作则、自觉践行社会主义核心价值观的党员干部，应当给予表彰，事迹突出的个人还应当成为其他党员学习的模范，成为主题教育活动的素材。通过主题教育、专题培训和党内监督，培养社会主义核心价值观话语的党员干部受众。

2. 社会主义核心价值观话语的学生受众

学生是社会主义核心价值观教育话语的主要受众群体，青少年时期是价值观形成的最为重要的时期，科学正确的世界观、人生观、价值观可以滋养人性，培养良好的道德修养。反之如果缺失正确的引导，误入歧途，成年之后则难以更改。培养社会主义核心价值观话语的学生受众，需要理性认知与情感认同齐抓共管。

首先，通过学校的道德理论课程提升社会主义核心价值观学生受众的理性认知，引导学生增强中国特色社会主义道路自信、理论自信、制度自信、文化自信，厚植爱国主义情怀，把爱国情、强国志、报国行自觉融入坚持和发展中国特色社会主义事业、全面建成社会主义现代化强国、实现中华民族伟大复兴的奋斗之中。运用相关教材上的权威话语宣讲社会主义核心价值观，指导学生树立正确的价值观，培育共产主义的精神信仰；采用微观的叙事方式，创设故事性情节，使其在潜移默化中受到价值熏陶；利用群体效应、情境陶冶、环境暗示、行为模仿等途径，影响学生的思想品质、价值观念等，以达到教育的目的。应当向学生诠释社会主义核心价值观的本质、内涵和时代意义，运用马克思辩证唯物主义和历史唯物主义原理，向学生阐明社会主义核心价值观的优越性，从理论上引导他们树立价值自信、文化自信。

其次，通过社会大课堂和家庭小课堂凝聚学生受众的情感认同和理性认识，统一价值话语表达，通过社会实践活动固化行为模式，寻求情感共鸣，增强学生受众的同频共振。要把对青少年的爱国主义教育摆在更加突出的位置。家庭教育是学生进行价值观教育的重要一环，以家风家训为特点的社会主义核心价值观话语表达方式和传承方式，使学生受众更易理解并践行。父母作为社会主义核心价值观话语群众受众的重要组成部分，通过实际行动向子女传达价值观念。高尚的道德品性和正确的价值观念会在每一代的家族成员的行为及话语中留下烙印，并代代相传。家族养成族人的性格特征，族人的气质代表家族，丰富完善着家风的传承过程。结合社会教育与家庭教育，引导学生全面理解社会主义核心价值观对社会思潮的引领作用、对社会共识的凝聚作用和对社会实践的推动作用，增强学生的使命感和归属感，实现学生受众从理性认知到情感认同，再到内心信仰的升华。

3. 社会主义核心价值观话语的群众受众

群众作为社会主义核心价值观的话语受众，存在个体差异，其成长环境与受教育程度不尽相同，所产生的价值认知水平不一，因此对群众的培养更需要注重因地制宜、因势利导。

通过组织群众性精神文明创建活动，培养社会主义核心价值观话语受众。

组织开展系列"文明"主题活动,夯实文明价值观话语认同的情感基础。打造文明城市,普及文化基础设施,建设图书馆、科技馆、文化馆,提高社会成员的科学文化水平和行为素质;打造文明乡镇,开展移风易俗活动,宣传马克思主义思想,建设农家书屋,组织文化下乡,建设美丽乡镇;打造文明校园、文明家庭,传承文化精髓和家风家训,倡导文明的交往方式,改善人的生存环境。以价值观话语点明活动内核,吸引话语受众的注意力,调动人民群众参与活动的积极性,渲染活动氛围,唤起群众受众的情感共鸣。

将社会主义核心价值观融入居民公约、文明公约,对群众践行公约进行引导和监督,实施公民道德建设工程,提升群众受众的行为素质。实地调研结果显示,不同地区都会将居民公约、文明公约与社会主义核心价值观宣教联系在一起。"居民公约"包括爱国爱家、遵纪守法、文明礼貌、保护环境等内容。群众的实际生活中可能会出现种种矛盾和纠纷。例如,交通拥堵时,在无交通警察和红绿灯指挥的情况下,如何妥善处理往来车辆的先后顺序;在学校和居住区附近,如何避免鸣笛以及自觉礼让行人。这些问题具体、细碎,不能被全面纳入法律的调控范围,而以社区居民共同认可的文明公约和行为准则,将倡导的社会主义核心价值观具体化、生活化,从群众的生活入手,采用柔性管理手段,能够巧妙地化解纠纷。

(三)社会主义核心价值观的话语内容阐发

社会主义核心价值观的话语内容是回答"讲什么"的基本问题,是对富强、民主、文明、和谐、自由、平等、公正、法治、爱国、敬业、诚信、友善的时代解读。从国家、社会、公民个人三个层面深刻阐发话语内容,是实现中华民族伟大复兴中国梦的价值指引。

1.国家层面的社会主义核心价值观话语内容

从国家层面来说,社会主义核心价值观倡导富强、民主、文明、和谐,是针对新时代建成什么样的国家的价值指向,并且与现阶段的奋斗目标相得益彰。国家层面的社会主义核心价值观话语的内容阐发,紧扣时代背景,围绕精神需要,通俗易懂。

(1)富强

富强是对经济建设、物质世界丰富、生产力提高提出的价值目标。富强观意味着"民族复兴""人民幸福"。中国特色社会主义进入新时代，中国成为世界第二大经济体，制造业和货物贸易的第一大国。除经济建设的成就之外，新时代中国的综合实力也展现在文化、军事、外交等领域。国家的文化软实力与中华文化影响力在扩大，中华民族正以崭新的姿态屹立在世界的东方。人民富强是国家富强的基础和最终目的，国家富强是人民富强的保障。

（2）民主

民主是中国特色社会主义政治上的要求。国家必须以人民为中心，切实满足人民的根本需要，维护人民的根本利益，让人民参与到国家经济建设和政治活动之中。新时代中国特色社会主义民主观，意味着发展中国特色社会主义民主政治，意味着坚持人民代表大会制度这一根本制度，意味着完善协商民主制度、党内民主制度、基层民主制度。国家应扩大基层民主范围，建立健全诉求表达机制、利益协调机制和纠纷调解机制。发布重大行政举措前，组织利益相关人听证、论证，专家学者、政府部门、企业主体、人民群众各抒己见，进行民意疏通、利益协调和纠纷调解，调动人民参与基层政治活动的积极性，倡导人民采用合法的方式维护自身权益。完善协商民主制度，在坚持中国共产党的政治领导下，听取多方有利于国家建设、社会发展的意见建议，多角度、全方面地完善国家制度。完善党内民主制度，保障党员权利，贯彻落实民主集中制，创设行之有效的党内监督方法。

（3）文明

优秀传统道德文化是一个国家、一个民族传承和发展的根本，如果丢了根本，就割断了精神命脉。被人类赋予意义的事与物，皆意味着文明，中华文明反映出的是中华历史发展的优秀物质成果与智力成果。中华优秀传统道德文化中包含博大精深的哲学思想，如安民富民的传统民本思想，为政以德的清廉德治准则，以及仁者爱人、讲信修睦等伦理道德纲常，这些传承下来的优秀文化正在新时代熠熠生辉。文明观意味着对中华优秀传统道德文化进行创造性转化和创新性发展。文明传承，需要革故鼎新、与时俱进的勇气。因此，要保存好、传承好物质与非物质文化遗产，具有文化载体意义的建筑群、古董古物、文字图像资料要予以妥善保管与修缮，具有民族特色的传统技艺、诗歌曲艺、医药古法要予以传承和延续，并且将其中蕴含的核心要义提炼、升华，与社会主义文化无缝连接。文明意味着以海纳百川的胸怀接受世界优秀文明成果，采用恰当的方式方法将其融入社会主义先进文化，如开展人文交流，互派专家学者、青年领袖考察学习，增加留学名额，推动艺术互访等，在经济贸易往来的基础上，实现文明互通。

新时代的文明观，不仅彰显出中华文化的魅力，还展示着国家的文明形象。城市的发展水平代表着国家的经济发展程度和当地的物质生活水平，而城市基础设施建设也是城市的文明程度的反映，因此应大力发展城市基础设施建设，提高居民物质生活水平。

（4）和谐

和谐是维护人与人、人与社会、人与自然良好互动关系的价值旨趣。中国特色社会主义进入新时代，提倡社会主义和谐观，缓和人际关系，调解社会纠纷，维系人与自然的共生、共存关系。和谐观意味着舍小我、成大我。在保障个人合法利益的基础上，最大限度地尊重他人的权利，在享受社会公共服务的同时，创造社会效益，寻求利益互通。从国家层面而言，和谐观意味着进一步提高和改善人民的生活水平，使人民的获得感、幸福感、安全感更充实、更有保障、更可持续。我们要以和谐观改善人与自然的关系，将利用转变为共生，改善人类生存环境，拯救濒危物种，以新发展理念构建人与自然的和谐关系。和谐观还意味着坚持和平共处的原则，建设良好的国际关系，构建人类命运共同体，协力解决全球性问题。

2. 社会层面的社会主义核心价值观话语内容

社会层面的社会主义核心价值观倡导自由、平等、公正、法治，是针对新时代建成什么样的社会的价值指向，并且与居民公约和文明城市建设的要求内在契合。社会层面的社会主义核心价值观的话语内容阐发，坚持马克思主义价值观理论，吸收借鉴世界优秀文明成果，彰显中国特色社会主义核心价值观话语的本质属性和文化自信。

（1）自由

自由是马克思阐述的最高层次的价值目标，《共产党宣言》中描述了自由人联合体——"每个人的自由发展是一切人的自由发展的条件"，唯有建立共产主义社会才能真正实现作为"人"的真正"自由"。新时代的自由观，并非为所欲为，老子说："人法地，地法天，天法道，道法自然"（《道德经·第二十五章》），即遵循人类社会发展的基本规律，不过分刻意为之，也不碌碌无为、无所事事，而是在合理的限制内，为应为之事，承应承之责。政治自由的实现必须遵守法定程序，法律规定了人民参与国家政治活动的条件，并且严格按照要求进行。只有合法的自由才能受到支持和保护，滥用自由是对他人权益的侵犯，人人自由才能实现自由人的联合体。

（2）平等

平等是共产主义的应有之义。社会主义平等观，意味着在中国，每一个无产阶级劳动者都平等地享有权利和义务，平等地受到国家的保护。新时代的平等观还意味着形式平等与实质平等相结合。人的成长环境、教育水平、认知能力不同，会导致个体差异，形式平等要求将"法律面前一律平等"始终作为司法的基本原则，将"一把尺子量到底"落实到每一个行政执法行为中，杜绝一切不合理的特权，使每一个人得到平等的对待。司法机关及司法人员，对于任何公民的违法犯罪行为，都必须同样追究其法律责任，并给予相应的法律制裁，对于所有诉讼参与人都应当平等、公平地对待，切实保障诉讼参与人充分行使诉讼权利和履行诉讼义务。但是，平等不意味着平均，平等观要求适当考虑弱势群体的实际情况，给予他们相对的法律保护和物质支持，最大限度地运用社会资源，使他们有能力平等地行使个人权利，拥有与常人同样的发展平台，维护他们生而为人的尊严。

（3）公正

公正要求公平与正义，是社会层面的核心价值要求之一。首先，公正意味着司法公正。司法是维护公民合法权益的最后一道屏障，国家应是中立的裁决者和强制力的实施者。司法公正的前提是合法，坚持以事实为依据、以法律为准绳，严格按照法律规定的程序，确保在法律面前人人平等，杜绝任何金钱、权力、人情干预司法过程。其次，公正要求裁判结果合情合理。尽管存在情与法的冲突，但是司法者需要灵活地运用法律，在具体案件中酌情考虑，适当使用自由裁量权。公正观的实现不能完全依靠司法，法律不能事无巨细，更不能朝令夕改，需要道德、公约、民约弥补空白，伸张社会正义。

（4）法治

法治作为社会主义核心价值观的内容之一，是社会治理的价值要求和价值目标。新时代的法治观意味着科学立法、严格执法、公正司法、全民守法。首先，实现科学立法包括两个方面的内容：法律内容体现人民性、立法过程体现参与性。立法者应当根据客观社会的发展需要，从维护和保障人民权益的角度出发，制定良善之法。其次，社会主义法治观念还要求立法过程的民主参与性，鼓励人民群众积极参与立法过程并反映问题，但是具体的方案应交由法律专业人士处理。严格执法，就是要明确按照法律规定的程序和要求，将法律条款转变为事实法治，这才是对人民意志的最好维护。严格执法时要注意方式方法，执法者在实施法律的过程中，要考虑到人民自由和人民利益的实现，真正做到权为民所用，利为民所谋。如果只把法律文本束之高阁，不落实到每个守法者的合法行为上，就无法发挥法律文本的实际作用。社会主义法治观念如果没有镌刻在人民的心中，就不能营造全民守法的良好社会氛围，正如法国启蒙思想家卢梭所言："一切法律之中最重要的法律既不是刻在大理石上的，也不是刻在铜表上的，而是铭刻在公民的内心里的。"并外化于每位社会成员处理具体问题的行为上。全民守法要求政府、企业组织、事业组织、各行各业的工作人员，认知法律、认同法律、践行社会主义法治观。在守法的基础上提出更高层次的价值追求，即诚信经营、遵纪守法，维护国家利益和他人的合法权益。

3. 个人层面的社会主义核心价值观话语内容

社会主义核心价值观的公民个人层面，倡导爱国、敬业、诚信、友善，是新时代做什么样的人的价值准则，并且与公民道德规范的要求相契合。公民个人层面的社会主义核心价值观的话语内容，坚持新时代中国人民的精神需要，实现中华优秀传统道德文化的创造性发展和创新性转换。

（1）爱国

爱国主义是中华民族精神的核心，是华夏儿女最坚定的信仰。社会主义核心价值观中，最基本、最深沉、最持久的是爱国主义。新时代是开放的、合作的时代，在中国人民同世界人民协力合作解决国际性问题的同时，也需要阐发爱国观的时代内涵。一方面，表达了人民群众对国家的情感。爱国源于"爱"，是一种对民族的牵绊、对国家的依恋。自古文人墨客寄情山水，借助诗文赞颂家国情怀。例如，谢灵运的"出谷日尚早，入舟阳已微"，王维的"江流天地外，山色有无中"，钱起的"晴山看不厌，流水趣何长"，辛弃疾的"我见青山多妩媚，料青山见我应如是"，诗人并不是为了写景而写景，而是用诗歌把对祖国山河的喜爱和赞美之情渲染出来。新时代自媒体、微视频等社交平台为人民表达爱国情感提供了更为多样化的技术手段，在虚拟与现实相结合的时空中，话语主体更加凸显个性，人民用独有的方式表达自己对祖国的感恩与祝福。另一方面，加深了人民的安全感、归属感、幸福感和获得感。新时代人民更能被国家行为激发爱国情感。例如，在战乱之地，国家派遣军舰保护侨民归国；在地震、山洪发生之处，国家指挥军队展开救援。危急之时，危难之间，国家永远是人民最为强大的后盾。

（2）敬业

改革开放四十多年的成就是人民群众在各自的工作岗位上艰苦奋斗出来的，而未来的美好蓝图、中华民族的伟大复兴，更需要敬业、乐业的劳动者。敬业观指引劳动人民在职业生活中明确何为可为、何为不为，教导青少年客观就业、择业、创业，引导其树立高尚的职业责任感、荣誉感、自豪感。早在《礼记·礼运》中就弘扬"选贤举能""壮有所用"的职业行为，马克思在《共产党宣言》中提出"实行普遍劳动义务制"，提倡无产阶级自食其力、自力更生，通过双手提高生产力水平，创造更好的生产生活条件，为实现共产主义的理想奠定物质基础。因此，敬业观意味着尊重本职工作。劳动是将客体对象化的过程，是通过主体的实践活动，赋予劳动产品现实化的特征，因此，人们要敬畏劳动，尊重改造自然的基本规律，并在这个过程中提升人生价值。敬业观意味着热爱工作，并将其作为自己毕生的事业。劳动报酬与付出成正比，与所属工作种类并无关联，各行各业都有工匠精神的代表，都是对敬业观的诠释。

（3）诚信

中国人素来重诺、重信，在"季布一诺千金""商鞅立木取信"等典故中无不有所体现。政府需要完善诚信建设长效机制，健全覆盖全社会的征信体系，加大失信惩戒力度，用制度保障诚信观的建设，利用大数据科技手段，将个人诚信信息录入计算机系统，量化诚信分值，并以此作为今后教育、就业、贷款、医疗等社会福利的参考指标。诚信观行重于言，自小的家风家训、父母的言传身教以及身边朋友的言行举止，都会影响一个人的诚信观念。而一个企业对诚信价值观的坚守，更是落实于产品生产销售的各个环节，蕴藏于品牌背后的文化内涵，绝非一日之功。

（4）友善

友善是公民个人处理人际关系的价值准则。友善一直是中华民族处理矛盾纠纷的指导原则，可以缓解社会纠纷，净化心灵。友善观意味着心存感恩，感谢世间万物，感谢人生境遇；友善观意味着开放包容，以宽大的胸怀容忍他人偶然的不快、抱怨，化解负能量，传播正能量；友善观意味着让步、成全，"千里家书只为墙，让他三尺又何妨？"你的自由需要他人的成全，而别人的人生也要有你的助力，只有人与人相互理解，才能以友善的价值准则实现天下大同的价值理想。

（四）社会主义核心价值观的话语载体运用

创新社会主义核心价值观的话语载体，解决社会主义核心价值观"在哪讲"的问题。传播即"特定的社会集团通过文字、电影等大众传播媒介，以图像、符号等形式，向不特定的多数人表达和传播信息的过程"。根据传播学相关理论，人类的传播历史分为口语传播、文字传播、印刷传播、电子传播、网络传播，不同的时代有各自的主要传播媒介。传播媒介是信息的搬运者，也是将传播过程中各种因素相互连接起来的纽带，承担着话语主体与受众之间相互培育、践行、传播社会主义核心价值观的作用。因此，全媒体时代要综合运用文字媒体、电子媒体、新兴媒体，将其作为社会主义核心价值观的话语载体，打造"全程媒体、全息媒体、全员媒体、全效媒体"，进一步提高话语的传播力，扩大社会主义核心价值观的影响力。

1. 运用文字媒体作为社会主义核心价值观的话语载体

（1）报刊

报刊是大众传播的最原始的手段，也是社会主义核心价值观最传统的载体之一。新时代报刊作为社会主义核心价值观的话语载体，需要在舆论引导的正面性、理论评论的深入性上发挥其优势，以此消解互联网信息传播中的碎片化和浅薄化。创新报刊在新闻事件报道、评论中的话语特色，提高新闻舆论工作的公信力。新闻事件的报道评论工作，务必坚持正确的价值评判标准，坚定社会主义核心价值观话语文字媒介传播的政治立场。综合类杂志也可以成为社会主义核心价值观的话语载体。目前发行量最多的纸质杂志多为时尚类、服饰类和新闻评述类，可以适当传递品牌背后与社会主义核心价值观相契合的企业文化，政企合作，用青年读者听得懂的时尚语言传播社会主义核心价值观。

（2）文艺作品

文艺作品是生活的浓缩，它描绘出关于亲情、友情、爱情的种种故事，丰富了人民的精神世界。文艺作品承担着社会责任，不仅要为人民提供茶余饭后的谈资，更要提高其审美能力；要以社会主义核心价值观引领文艺作品创作，坚持把社会效益放在首位，使社会主义核心价值观话语融入小说情节和散文表达中，使社会效益和经济效益相统一。文艺作品被广大人民群众所接受，并在社会上促进良好风气的形成，有助于弘扬社会主义核心价值观，有助于社会主义精神文明建设。优秀的文艺作品既需要满足人民群众多元的精神追求，也需要坚持正确的价值观念，为今后的电视剧、电影翻拍提供良好的文字基础。精神文化产品的创作者，要自觉践行社会主义核心价值观，自尊自重、自珍自爱，讲品位、讲格调、讲责任，创作讴歌主旋律、传播好声音的佳作。

文艺作品作为社会主义核心价值观的话语载体，应当坚持以人民为中心的文艺创作理念，从群众生活中挖掘素材。人民是历史的创作者，也是文艺作品的创作者，具有价值观指导意义的文学作品更能够引起读者共鸣，所以，优秀的作品既能够承载价值观，引领社会风气，生动形象地告诉读者何为真善美、何为假恶丑，又能够融入生活，表达情感。文艺创作者更应肩负民族复兴的使命，胸怀人民，创作承载着中华优秀传统文化的优秀作品，要向国际舞台传播中国价值观，让西方读者在小说、散文、诗歌中了解中华文化。文学作品需要发挥"在形式上为社会大众所喜闻乐见"的优势，提高艺术表现张力，增强文字的魅力。新时代传统文字媒体并不过时，但必须发挥文字话语的特殊魅力，以鞭辟入里的语言带给受众学习、畅想、再创作的想象空间。

2. 运用电子媒体作为社会主义核心价值观的话语载体

电子媒介是以电子转移介体的方式在主客体间传导声音、形象和信息的，较之文字媒介，它的传播内容更丰富，速度更快捷，不仅实现了声音和影像信息的大量复制和传播，而且实现了历史保存。一方面，电子媒介有效地提高了社会主义核心价值观话语传播的时效性，电台、电视台、电影发行单位为社会主义核心价值观话语拓展传播平台，使得话语受众从影、视、音多角度、全方位地了解社会主义核心价值观的内涵；另一方面，电子媒介有效地提高了话语传播的实效性，随着生活节奏的加快，人民群众需要更加丰富多彩的精神文化，单一的文字阅读难以满足这种需要，视频、音频内容轻松活泼、易于理解，会增加受众的关注度。借助微电影等电子媒介，传播社会主义核心价值观话语，避免文字的枯燥化，使得话语随处可见、润物无声。

（1）音乐

中华优秀传统道德文化中拥有大量的音乐资源。《诗经》以风、雅、颂的主题传颂社会主流价值观，虽然由于时代久远，只有诗句流传至今，但并不影响对诗歌现代化的艺术再创作。一方面，用现代音乐演唱方式，传唱国风经典。根据古代文献所述，运用"宫、商、角、徵、羽"五个传统音阶，吟诵传统诗歌，发扬国风音乐，或者赋予传统音乐以新形式。例如，民谣音乐搭配《三字经》，朗朗上口，传唱仁、义、礼、智、信；流行音乐与《六尺巷》相遇，旋律简单，传播友善观。另一方面，创作新时代传播价值观话语的音乐作品。围绕社会主义核心价值观的主题作词、作曲，描绘新时代中国人民的现实生活，满足人们的情感需要，提升人民的精神境界。

（2）影视作品

电影与电视节目都是传播带有声音的移动图像的大众媒介，声像兼备、视听兼顾，具有双通道视听优势和现场参与感。影、视、音集于一身的传播媒介，更能够吸引受众的目光，使其在影视作品中体会文化的魅力，传播正确的价值观念。

把电影当作社会主义核心价值观的话语载体。文化实力强大的国家凭借文化资本优势和文化传播优势大举进入国际文化市场，输出本国的价值观念和意识形态，对文化输入国的文化体系和价值观念产生巨大影响。电影是青年娱乐的方式之一，同样是进行文化传播的话语载体之一，以其隐蔽性的教育特点成为国家传递价值观念的重要手段。电影产业不仅可以创造巨大的经济利益，还可以为主流意识形态的再生产和延续做出重要贡献。首先，电影行业应扎根现实，取材于民，创作新时代电影佳作，将社会主义核心价值观作为电影的中心思想，并予以充分诠释。现实题材的电影更要树立正确的价值取向，"爱情""亲情""友情"均是电影永恒的主题，需要突出真心、真情、真爱，才能受到观众的喜爱，并借此传递正确的爱情观、亲情观、交友观。例如《罗马假日》《你好，李焕英》《触不可及》等电影，均呈现了正确的价值取向。其次，作为社会主义核心价值观话语载体，电影需要运用精湛的技术，提高艺术表现能力。要提高电影创作能力，选题、编剧、选角、拍摄和后期等多部门联动，全方面提高电影制作水准，为国内外观众呈现彰显中国时代特色的高精尖电影作品。

把电视节目当作社会主义核心价值观的话语载体。将社会主义核心价值观植根于电视节目，使受众在观看的过程中接受价值教育，了解社会主义核心价值观的基本内涵，并将其融入工作、学习、生活之中，发展为稳定的情感认同和行为准则，自觉辨别是非、美丑、善恶。

要创作承载着社会主义核心价值观话语的优秀电视节目，首先，要坚持贴近生活、贴近群众；其次，要尊重历史，尊重人类历史发展的客观规律。以影视剧的方式，传播社会主义核心价值观话语，需要既易理解又易接受，才更能够引起话语受众的情感共鸣。电视传媒行业的制作人、表演者、艺术家和监管者，都应当树立正确的价值观取向，承担传播社会主义核心价值观话语的社会责任。

3. 运用新媒体作为社会主义核心价值观的话语载体

新媒体是针对传统媒体而言的，它具有传播过程双向性、传播功能多样性、传播资源丰富化、传播信息全球化的特征。新媒体是借助计算机传播信息的载体，主要包括网络媒体、手机媒体、数字电视媒体等。

新媒体强势来袭，相关部门应当顺势而为，搭建门户网站、微博、微信平台，运用短视频和物联网等新兴技术的优势，提升社会主义核心价值观话语的网络传播力和引领力。"两微一端"指的是微博、微信和客户端，是移动媒体作为新媒体的主要形态。如果网站为受众提供海量信息，那么自媒体则为受众提供发言的机会，以大众性、交互性和即时性实现媒体中心向受众中心的发展。智能手机等物质媒介的出现，使数字技术网络更加便捷、快速地为信息传播服务，社交平台也使用户能够系统地在网络上将自己现实的社交关系公之于众，激发受众的主体性，使其主动融入社会生活之中，运用自己的知识背景和生活阅历，评论热点事件，彰显个性。

微博是社会主义核心价值观话语的新兴媒体载体。在社会主义核心价值观话语体系的建设过程中，官方媒体需要顺应微博信息的特点与语言规律，及时回应社会热点，引导网友的舆论走向，提高用户明辨是非的判断力，倡导网友践行爱国、诚信、敬业、友善的价值观；设置热点话题，运用微博的互动性，在网友的评论中促进价值观话语认同。

微信是社会主义核心价值观话语的微文化与自媒体载体。一方面，要注重官方主流媒体和政务类微信公众号的运行，确保内容的原创性、交流的互动性与表达的大众化。"接地气"的话语表达方式与闪电般的信息推送速度，使得微信公众号成为青少年、上班族了解世界的主要渠道，因此，要以微信为社会主义核心价值观话语载体，不用教条、刻板的宣教语言，采用平和、用心、共鸣性强的微语言模式，以社会流行语引导社会舆论，融入受众生活，以清新时尚的面貌拉近与受众的距离。另一方面，要注重微信运行环境的建设，提高用户的媒介素养，确保媒介评判的客观理性。微信的朋友圈功能使每个用户都是社会主义核心价值观话语的创作者、传播者、评论者和接收者，社会思潮传播从上层走向基层，从权威专家和精英走向平民和草根，以制度固化评论规定，以义务确保言论自由，净化微信话语环境。

随着智能手机的普及，客户端亦可以作为社会主义核心价值观话语的新兴载体。一方面，主流媒体在热门应用上开设账号，加速社会主义核心价值观话语传播；另一方面，加强手机客户端研发管理，从源头上遏制网络乱象。客户端的研发者需要承担弘扬社会主义核心价值观、树立社会新风尚的社会责任。

人工智能与虚拟现实是当下较为领先的技术成果，以此作为社会主义核心价值观的话语载体，有助于推动话语向科技化、人文化、国际化发展。

"人工智能＋社会主义核心价值观"表现为：首先，需要研发编码符号，设置程序，使机器人在处理日常琐事时，坚持人的价值准则；其次，研发诵读社会主义核心价值观的人工智能程序，在各行各业的机器人助手中，嵌入播放程序，与电子屏、数字电视一起，共同承担传播社会主义核心价值观话语的责任；再次，研发承载中华优秀传统道德文化的程序，如儒家经典诵读程序、国学经典解释程序、毛笔字书写教学程序等，并开放多种语言符号，设计群众喜闻乐见的卡通形象，供其使用学习，出口国外成为国际文化传播的载体；最后，编写与社会主义核心价值观有关的人工智能游戏程序，设置交通安全、文明旅游、爱国守法等情景角色扮演类的小游戏，向人们解答如何具体地将社会主义核心价值观融入生活，指导实践。社会主义核心价值观话语需要结合人工智能等新型科技，成为话语传播新媒介。

"虚拟现实＋社会主义核心价值观"表现为：一方面，培养计算机专业人才，研究算法编写方式，构建虚拟人生轨迹，让人们在游戏中体会价值观的重要性，借助一个头盔、一副眼镜等使其感同身受，明确在大是大非面前如何取舍，于人生节点如何选择，实现"虚拟现实＋社会主义核心价值观"教育；另一方面，利用 VR 技术对视觉、听觉、触觉的多维刺激，打造国家、城市文化宣传纪录片，进行 360 度全景报道，将古代与现代、历史与现实相融合，用沉浸体验式的虚拟场景传播中国文化。

第二节　实现优秀传统道德文化与德育的有机融合

一、中华民族优秀传统道德文化的基本特征

中国一向以礼仪之邦、文明古国著称于世。中华民族优秀传统道德文化对于改善当前的社会风气具有一定的推动作用，把传统道德文化的内容融入社会道德建设当中，使社会主义道德建设这项任务具有了民族特色。对公民进行传统道德文化的教育，使公民在传统道德文化的熏陶下逐渐对这些美德产生亲近感、认同感；使公民养成良好的道德习惯，最终达到道德教育的目的。中华民族发展的内在动力就是中华民族优秀传统道德文化具有与时俱进的优点。包容性、开放性、继承性是优秀传统道德文化的基本特点。怎样整理优秀传统道德文化的资料，总结出最优秀、最核心的内容，并以此来培养公民的道德素质，这是一个重大的课题。

（一）博大精深，具有伟大的主体包容性

中华民族优秀的传统道德文化是一个由多方面内容组合起来的价值体系。从不同方面来说，可以分为：第一，律己修身，重德贵义，善于调节人际关系的个人处世美德；第二，父慈子孝，兄友弟恭，促进家庭和睦的家庭生活美德；第三，敬业尽责，脚踏实地，崇尚劳动光荣的职业美德；第四，乐于助人，不思回报，力求共创和谐的公共生活美德；第五，精忠报国，抗暴御侮，处理国

家民族关系方面的美德；等等。在中国传统道德文化中，对自然的理解是天地最大，它能包容万物，天地合而万物生、四时行。因此，优秀传统道德文化的包容性不仅仅体现在它内容的广泛性上，还体现在多元并存的理念上。我们的传统道德文化之所以丰富多彩，就是因为它善于吸收外来文化，并且把这些文化很好地融入了我们的本土文化当中。其实仔细研究就可以发现，中华传统道德文化的核心是和而不同，多元并存。这种多元并存的观点使得中华民族传统道德文化具有包容性。可以说，中华民族传统道德文化之所以延续至今，正是因为中华传统文化本身具有包容性。

（二）虚怀若谷，具有广远的立体开放性

传统文化是文明演化而汇集成的一种反映民族特质和风貌的文化，是各民族历史上各种思想文化、观念形态的总体表现，其内容当为历代存在过的种种物质的、制度的和精神的文化实体和文化意识。中华民族传统美德文化，是指中国五千年历史流传下来，具有影响力，可以继承，并不断得到创新发展，有益于后代的优秀道德遗产，即传统文化在精神层面的具体表现，是传统文化的重要组成部分，因此，二者在特性上也存在共通之处。

传统文化自其诞生以来就不是一种封闭的系统，因环境的多样化呈现出了立体、开放的特点。它不仅仅善于吸纳外来文化，也把本土的文化带到了世界各地。传统道德文化是我国传统文化的内容，因此，它也具有传统文化的开放性。中华优秀传统道德文化对世界各国都具有重要的影响。例如，韩国至今仍然注重儒家道德文化的教育，中华优秀传统道德文化在新加坡的改革中也体现出了重要的价值，在澳大利亚同样可以感受到中华优秀传统道德文化的气息。外国人对我国传统道德文化赞不绝口，很多外国人也有意愿定居中国，可见我国优秀传统道德文化的魅力。

（三）源远流长，具有深层的本体继承性

稳定性是传统文化很重要的一个特点。传统文化在长期的历史发展过程中形成并被保留至今，离不开稳定性的特点。优秀传统道德文化继承了传统文化相对稳定的特点。传统道德文化之所以能够保留到现在，主要的原因就是传统道德文化具有继承性，在长期的历史发展中，传统道德文化无声无息地感染和熏陶着一代又一代人。在新时代建立与社会相符的新道德，是不可能与同时代的文化断绝关系的。我们都知道，新道德的产生不是单独完成的，它需要借鉴上一社会的道德成果，上一代的道德影响下一代的道德，所以，新道德的建立不能脱离各个阶段的道德。优秀传统道德文化的存在也不能脱离各个阶段的文化，而对于优秀传统道德文化的继承，也不能忽略。优秀传统道德文化经历了一个不断自我筛选和去其糟粕、取其精华的过程，这是一个复杂而漫长的过程。优秀传统道德文化不是无源之水，它吸收了各个阶段传统文化的精华。我们不能割断历史，不能抛弃各个阶段的传统文化，这不符合历史的发展规律，更不符合事物的发展规律。

二、中华优秀传统道德文化与德育的关系

随着经济全球化进程的不断加快，国家与国家之间产生了种种价值观念和文化的碰撞与融合，思想层面变得越来越多元化。为了保证我们的文化安全，保证主流价值观的核心地位，我们必须重新整理优秀传统道德文化的内容，把它与现代的德育结合起来，用优秀传统道德文化的内容武装公民的德育意识，增强公民的道德素质。可见，深刻认识和把握优秀传统道德文化与德育的关系，既是时代的需求，也是现代德育的必然要求。

（一）德育与优秀传统道德文化的关系

随着人们对优秀传统道德文化的日益关注，加强对中华民族优秀传统道德文化的继承和弘扬成为我国德育工作的新要求。我国要加强对优秀传统道德文化思想价值的挖掘和阐发，维护民族文化基本元素，使优秀传统道德文化成为鼓舞人民前进的精神力量。

优秀传统道德文化与现代德育有着密切的联系。优秀传统道德文化与现代德育的关系就像是根与叶的关系，优秀传统道德文化离不开现代德育，现代德育也离不开优秀传统道德文化。二者是相互促进、相辅相成的。优秀传统道德文化是现代德育的源泉，是德育的宝贵资源。优秀传统道德文化中包含的德育理念、德育内容、德育方法等对现代德育具有重要的价值，同时，优秀传统道

德文化的弘扬和传承也离不开现代德育,现代德育是弘扬优秀传统道德文化的有效途径。优秀传统道德文化需要通过德育来拓展传承范围,德育本身所面对的教育对象很广泛,这就为优秀传统道德文化提供了广泛的教育对象,有利于对优秀传统道德文化的传承。德育内容的丰富性和教育方法的多样性,也为优秀传统道德文化的弘扬提供了更多有效途径,增强了优秀传统道德文化传承的有效性。

1. 优秀传统道德文化蕴含独特的德育功能

文化建设总是与社会道德建设息息相关,中华民族通过优秀传统道德文化教育来实现道德教化,这是我国道德建设的一大特色。优秀传统道德文化与德育的"根与叶"关系,也充分说明了在现代社会中,应加强优秀传统道德文化这个"根"与现代德育这个"叶"的结合。文化既是复杂的,又是简单的,它是人类特有的。说其简单,是因为文化影响和制约着人类的行为活动;说其复杂,是因为人们对文化的理解是仁者见仁、智者见智的,人们对文化的定义也各不相同。目前比较普遍的看法是文化分为广义的和狭义的,文化也可以分为物质文化和精神文化。物质文化是精神文化的基础,精神文化是物质文化的内在。道德属于文化的一部分,在发展过程中,文化与德育的发展是一致的,文化蕴含着独特的德育功能。文化的德育功能主要有价值导向功能、行为约束功能和民族凝聚功能等。

(1)价值导向功能

价值导向功能主要是指在德育过程中,引导人们主动地接受一些道德原则和道德规范,使人们在教育的影响下逐渐地朝着德育的要求发展,达到预期的德育效果。学校的德育对学生的引导作用是非常强大的,学校开展的文化教育活动以及教师本身的言行对学生的价值取向起着重要的作用,也影响着学生的道德观念以及生活方式。延伸到整个社会,文化对公民德育的价值导向作用和对学校德育的作用是一致的,这与社会对公民期望达到的德育效果是统一的,文化的价值导向作用在公民德育的过程中起到了相应的作用。

(2)行为约束功能

文化在教化人的过程中,对人的行为约束不仅指的是行为规范——有形的约束,也指一些无形的约束,这些无形的约束是道德行为规范所不能替代的。只要是文化所涉及的范围,对人都有一定的约束行为,当人的行为与道德规范行为相悖时，潜在的隐性文化就起到了重要的作用，人们会不自觉地产生内疚感，从而约束人的不道德行为的产生。

（3）民族凝聚功能

中华民族优秀传统道德文化是我国文化特有的内容。凝聚就是聚集在一起，民族凝聚功能就是把我国优秀传统道德文化的内容凝结在一起并且转化为一种内在、无形的意识，用这种无形的意识去感染人，去影响人的意识和行为，从而使人们形成一种共同的意识。在这种独特意识的影响下，社会成员形成了共有的民族意识。这种共同的民族意识就是民族精神，这种独特的民族精神是每个社会成员的共同心理，与社会中的每个人都息息相关，它使得一个民族更加团结，在这种共同价值追求的作用下，强大的民族凝聚力便形成了。

2. 德育具有内在的文化属性

德育与优秀传统道德文化是相辅相成、相互促进的关系。文化蕴含着独特的德育功能，德育也具有内在的文化属性，以文化为"根"，蓄养德育之"叶"。人类利用文化来教化自身，主要是因为文化是德育的内在，思想教育和政治教育都是德育的分支，这些分支都是文化的组成部分，它们都离不开文化这个主体。文化与德育的内容也是相互渗透的。对公民进行德育教育需要文化这个载体，对公民进行德育教育也是在文化的基础上把公民教化成为当前社会需求的理想的人。从这个角度来讲，德育具有内在的文化属性。

（二）优秀传统道德文化是现代德育的不竭资源

传统美德作为传统文化的核心内容，在当今时代仍然具有强大的生命力，它是学生的道德人格、公民的个人素质、社会主义文化建设的保证。优秀传统道德文化中蕴含的人生哲理和思想道德观念符合现代德育的新要求，把优秀传统道德文化中的德育观点和德育方法等运用到现代德育中，是现代德育自身发展的需要，也是德育工作面临的新挑战。

1. 优秀传统道德文化中的德育观念

以孔子为代表的儒家学派在儒家经典文献中提出了许多德育观点，论述了"仁、义、礼、智、信"这五种美德在德育中的重要意义，并且提出了德育应该以"父慈子孝、兄友弟恭"为良好的典范，在此基础上建立"父子有亲，君臣有义，夫妇有别，长幼有序，朋友有信"的社会伦理道德规范。千百年来，以儒家思想为核心的道德标准一直都是我国德育的重要内容，儒家学派所提倡的美德早已成为中华民族道德观念的核心。比如，在《论语·学而》中，孔子提出"入则孝，出则悌……行有余力，则以学文"的观点，他认为，对学生的教育应该把德育放在第一位。从古人的观点中我们也可以看出，中华优秀传统道德文化中蕴含着德育为先的观点。

除此之外，"把人看作中心"也是中华民族优秀传统道德文化中的重要思想，即我们经常提到的"以人为本"的思想。优秀传统道德文化中的以人为本的思想，把道德实践放在首位，这对于个体自我道德的建立有着十分重要的作用。管仲是我国最先提出"以人为本"的思想家。"以人为本"即人本原则。管仲的管理学说融合了儒、法、道三家的观点，提出了德礼与法治的管理思想。管仲认为管理的对象有"人"和"物"两个方面，而"人"的因素要重于"物"。他提出"天下者，国之本也；国者，乡之本也；乡者，家之本也；家者，人之本也；人者，身之本也；身者，治之本也"（《管子·权修》），并认为"政之所兴，在顺民心；政之所废，在逆民心"（《管子·牧民》）、"夫霸王之所始也，以人为本，本理则国固，本乱则国危"（《管子·霸言》）。我们可以看出管仲已经意识到了得天下者应先得民心，只有顺应民心，才能发挥人民的积极性。管仲思想的重要启示是，增强公民在德育过程中的主体地位的意识，以加强德育教育的现实效果。

知行合一的观点也是优秀传统道德文化中重要的德育观点，知行合一强调理论和实践的统一。宋代理学所强调的"知先行后"的知行合一的观点，主要指道德方面。知行合一是我国古代特别重视的问题，因此，在不同的时期，它也有着不同的时代意义。孔子认为，知行合一就是要"听其言而观其行"（《论语·公冶长》），他认为言行要一致，以行为本。孔子的观点也说明了道德修养要从自我做起，要自觉地把道德认识转化为道德行为。这些观点都有助于提高社会整体的道德水平，是值得我们借鉴的。

在中华优秀传统道德文化中，"贵和持中"的和谐发展观念也是重要的思想，强调人与人、人与社会之间的和谐关系。孟子提出的"天时不如地利，地利不如人和"（《孟子·公孙丑下》）的观点和孔子提出的"和而不同"（《论语·子路》）的观点对社会的稳定和发展都具有重要意义。同时，这些观点也使得中国人十分注重和谐的局面，造就了社会其乐融融、美好和谐的局面。

2. 优秀传统道德文化中的德育方法

中国古代的教育家们积累了丰富的教学经验，在教学的原则、内容、方法等多个方面都提出了有价值的观点。他们提出的这些有价值、有见地的思想，即使是在今天的教育中，仍然闪烁着智慧的光芒。优秀传统道德文化的教育方法主要有因材施教、学思并重、循序渐进和言传身教。

（1）因材施教

"子弟有才，制其爱毋驰其诲，故不以骄败；子弟不肖，严其诲毋薄其爱，故不以怨离。"（《格言联璧·齐家篇》）子弟有才能，要控制对他的爱心而不放松对他的教诲，所以子弟才不会因骄傲而失败；子弟不成才，要加强对他的教诲而较少对他的爱心，所以子弟才不会因怨恨而远离。这句话说明学生与学生之间的能力是有差别的，古代教育家根据学生存在的个体差异，因人而异地进行教学。对学生进行教学时，不能一味地灌输知识，古代教育家主张在教学过程中培养学生自主学习知识的能力，教师在教学中要起到引导的作用，重视启发和引导，以此开发学生的潜能。比如，孔子有上千名学生，每个学生的个性都是不同的，他在了解学生的资质后，把学生分为不同的层次，根据学生的特点进行教学，这就大大提高了教学的质量。孔子提出："中人以上，可以语上也；中人以下，不可以语上也。"（《论语·雍也》）孟子也强调教学方式的变化，北宋思想家张载主张教学应顾及学生的内心要求，明代思想家王守仁认为教学要注意学生的年龄特点。古代教育家认为，教学和治病的道理是一样的，要摸清病因，才能对症下药，因此，根据学生的自然禀赋进行差异教学是非常重要的。

（2）学思并重

中国古代教育家在处理学与思的问题上大多主张这一方法。学习自己没有学过的知识，思考自己曾经学过的道理，并且把这些知识道理理解和消化，变成自己的东西，这就是学和思并重。学思并重是古代思想教育家们一直以来秉持的基本观念，学习和思考必须结合进行，不可偏废任何一个。"学而不思则罔，思而不学则殆"（《论语·为政》），"吾尝终日不食，终夜不寝，以思，无益，不如学也"（《论语·卫灵公》），这些都说明学习是思考的基础，思考是学习的发展。孔子认为，"学"是感性方面的活动，"思"是理性方面的活动，"学"能使"思"更丰富，"思"能够使"学"得到升华。良好的学习效果就是在学习和思考相结合的基础上达成的。

（3）循序渐进

学习是一个循序渐进的过程，循序渐进就是一步一步地按照一定的顺序逐渐进步。古代教育家认为，在教学过程中要循序渐进地向学生传授知识。要注意教学的阶段性，教学应该"循循然善诱人"（《论语·子罕》）。其实，简单来说，循序渐进的方法就是由浅到深、由易到难、由少到多、由不知到知。朱熹提出的教学思想更加明确了教学应该采用循序渐进的方法，他说："读书之法，在循序而渐进，熟读而精思。"（《读书之要》）总之，教学是一个复杂漫长的过程，要选择适当的方法对学生进行教学，教学要符合客观规律。

（4）言传身教

言传身教作为一种古老但又不失其作用的方法，简单地说就是用自己的语言去教育学生，用自己的行动去影响学生。身教比言传要重要，在教学中要体现教师的主导地位，因此，对教师自身也提出了严格的要求。《论语·子路》中提出："其身正，不令而行。其身不正，虽令不从。"这句话正是强调了这种方法的重要性。荀子说："师术有四，而博习不与焉：尊严而惮，可以为师；耆艾而信，可以为师；诵说而不陵不犯，可以为师；知微而论，可以为师。"（《荀子·致士》）荀子认为，一名合格的老师应该具备丰富的教学经验，具有传授知识的能力，通过自身的言行，帮助学生修身治学。教师只有具备良好的道德品质才能以身作则，以自身的行为影响、教导学生，从而启迪学生，达到教育学生的目的。

（三）德育是弘扬优秀传统道德文化的有效途径

优秀传统道德文化的继承是需要载体的，德育作为人们接受教育的途径，也不可替代地成了继承优秀传统道德文化的途径。德育对象的广泛性、德育方法的多样性正好满足了优秀传统道德文化继承的需要，并给优秀传统道德文化的继承提供了机会。因此，优秀传统道德文化的弘扬离不开德育。

1. 德育对象的广泛性可以拓展优秀传统道德文化的传承范围

教育活动的开展离不开教育者和受教育者。德育的活动也是有针对的对象的，它不是漫无目标的教育活动。德育是教育者对受教育者进行品德教育的活动，德育的内容十分丰富，包括思想教育、政治教育、道德教育等。德育是家庭道德教育、学校道德教育以及社会道德建设的基础。因此，德育范围的广泛性也决定了德育面对的教育对象的广泛性，受教育者包括了不同领域、不同类型、不同层次的社会成员，德育与个人的品德密切相关。对人们进行优秀传统道德文化教育时，可以把优秀传统道德文化的内容与现代道德相结合，让人们意识到优秀传统道德文化的价值，感受到优秀传统道德文化的魅力，从而使更多人投身到学习和弘扬优秀传统道德文化的活动中，以此来拓大优秀传统道德文化在我国的传承范围。

2. 德育内容的丰富性可以融合优秀传统道德文化的内容

随着现代化的发展，德育已经不是传统的道德教育了，德育观念逐渐取代了传统的道德教育。德育也在不断地民主化、科学化，道德也日益社会化。德育的目标、内容、方法等越来越系统化、综合化。德育的形式已经不限于学校，学校、家庭、社会三者之间的德育逐步一体化。德育的对象也不限于学生，并且日益广泛，与终身教育相适应，逐渐形成了终身德育化。德育的内容也是思想教育、政治教育、道德教育的综合。它们融会贯通，形成了统一的整体。同时，德育还强调民族性，它已经深入我们生活的各个方面，成为调整人与人、人与社会关系的重要纽带。优秀传统道德文化的内容也十分丰富，并且是相互联系、相互贯通的，优秀传统道德文化中包含的内容与现代德育的内容是不矛盾的。现代德育也可以把优秀传统道德文化的内容进行古为今用的转化，它们之间相互融合，有利于新道德的形成，有利于增强公民的道德素质。

3. 德育方法的多样性可以增强弘扬优秀传统道德文化的有效性

教学效果好坏的决定因素之一是教育的方法。在德育的过程中，方法得当，人们就能更好地接受德育内容，就会取得理想的效果。但是，我们也应该看到，德育对优秀传统道德文化也有反作用。德育的方法是多样化的，主要有自我教育法、说明引导法、实践锻炼法和熏陶感染法等。方法的多样性并不意味着我们可以随意地、没有针对性地使用这些方法。这些方法可以单独使用，也可以和其他的方法结合起来使用，但是必须要根据受教育者的情况来选择相应的教育方法。利用多样化的德育方法来弘扬中华民族优秀传统道德文化是明智的选择，体现了现代德育的科学性。

三、中华优秀传统道德文化与德育融合的三个维度

（一）优秀传统道德文化德育价值开发利用的基本原则

1. 多样性与前瞻性原则

我国是多民族国家，我国的优秀传统道德文化由多民族共同创造，其多样性源于自身的兼收并蓄，面对外来文化不断地冲突、融合、吸收。历史上，中华民族优秀传统道德文化具有海纳百川的气魄，为我国的发展强大和人类文明的进步做出了重大贡献。我国优秀传统道德文化的前瞻性，不仅体现在它是中华民族在漫长历史长河中能够生生不息、不断壮大的重要支撑力量（建构起以孝为本的伦理纲常、家国同构的政治结构以及物我不分的认知方式，培育以"德"为中心的个体价值取向），还体现在它对我国伟大复兴事业的指导作用上。我国优秀传统道德文化的价值观与丰富内涵对中华民族的伟大复兴具有现实意义：第一，大一统与爱国主义精神是所有中华儿女推崇的民族大义，有利于唤醒人民的爱国热情，也是国民的精神支柱；第二，理想人格的追求是国民的精神基因，有利于指导人的价值观，培养其高尚的品格；第三，中华优秀传统道德文化一向推崇以和为贵，有利于我国与他国友好往来。

2. 导向性与实践性原则

只有在实践中坚持正确的导向，才能获得成功。在我国德育实践中，应该以中国特色社会主义理论为指导，始终坚持辩证唯物主义与历史唯物主义相结合，围绕社会主义核心价值观，从我国传统道德文化中去粗取精、去伪存真，批判地继承。

我国优秀传统道德文化作为我国劳动人民长期实践的结果，对现代德育工作具有实践指导意义。在实践中，要坚持利用、保护、发扬为一体的发展原则，努力维护我国的民族特色，完善德育体系，丰富德育课堂。

（二）优秀传统道德文化与德育融合的三个维度

将我国优秀传统道德文化融入德育时，应改变以往将德育政治化的做法，以适应现代社会的发展需求。从当前实际情况看，德育应该更具体、更贴近学生的生活，以满足学生的个人发展需求和道德追求。

1. 将诚信勤学融入专业德育之中

道德教育是终身性的教育，德育的范围也不仅限于思想道德课的课堂，还应该渗透到学生所学的专业课程中，因为学生所学的专业很有可能成为其日后所从事的职业，加强专业德育，有利于培养出兼具专业能力和高尚品格的学子。专业德育主要包括两个方面的内容：专业课渗透教育和职业诚信教育。

第一，专业课渗透教育。不论是人文精神较强的专业，还是技术性较强的专业，学校专业课程都是德育渗透教育的最佳载体。在学科专业德育中，教师应该将德育内容和具体科学问题结合起来，通过创设道德情境将本专业可能遇到的道德问题提出来，与同学一起参与话题讨论。例如，在对医学专业和遗传专业的学生进行专业教育时，要加强伦理教育，要让学生明白自己专业的性质和意义，还有其伦理影响；在对计算机专业的学生进行专业教育时，不仅要让学生了解自己所学专业的历史发展及技术前景，更要让学生明白计算机技术在社会流通领域的影响；在对生物专业和化工专业的学生进行专业教育时，要融入生态德育的教育理念，让学生了解我国在生物、化工领域取得的进展并不只是为了要改造自然，还是为了使人类进一步融入自然、保护自然。专业课渗透教育要注重因材施教的德育方法，在指导学生用道德眼光审视专业时，应根据每个学生的道德认知能力，有深有浅、有详有略地进行指导。高等教育作为知识传播的一个重要途径，对我国的科学发展做出了巨大贡献，我国的专业人才更离不开高等教育，各学科的专业课渗透教育都是不可小觑的。

第二，职业诚信教育。中国传统道德文化十分重视诚实守信的品质，"人无信不立"，没有诚信，就无法在职场上立足，更无法在社会上立身，这表明了职业诚信教育在学校德育体系中具有举足轻重的作用。做好职业诚信教育，应从两反面做起，一方面，加强校园职业诚信宣传。在校园文化环境建设中要突出职业诚信教育，以广播、视频、宣传画等多种形式宣传职业诚信的正能量，这样的校园文化氛围能帮助学生养成诚信理念。另一方面，发挥实践活动的诚信教育功能。诚信意识贯穿实践活动，学生参与实践活动能够强化他们的诚信认知。实践活动主要有诚信讲座、诚信班会、诚信签名活动、诚信征文大赛、诚信辩论大赛、"校园十佳诚信之星"等，各种各样的活动不仅能丰富学生的生活，更能加深学生对诚信的认识。

2. 将忠孝文化融入感恩德育之中

在学校德育中，感恩教育对于学生来说是最具情感调动性的教育，对学生提升自身、维系他人、回馈社会都具有十分重大的意义。感恩德育的主要内容为感恩情感培育和感恩行为实践。

第一，培育学生的感恩之心。感恩是亲情、友情、爱情的重要基础。培育感恩之心要以孝敬父母为基础，因为孝是百恩之首，一个对养育自己的父母都没有孝敬之心的人难以对他人、对社会存在回馈之心。培育学生的感恩之心，可以从以下四方面入手：首先，教育学生应听从父母的教导，尊重父母的劳动。要让学生认识到，由攀比引起的不合理消费是对父母财富的一种浪费，懒惰、不思进取、荒废学业会使父母受到伤害。这要求德育工作者积极引导学生对自己的学业和行为抱有强烈的责任意识，用良好的道德行为回报父母。其次，提醒学生不要忽视对父母精神状态的关注。再次，鼓励学生多和身边的师长、朋友进行交流。悉心引导学生明白，如果没有身边人的帮助，一切知识、经验的获得都会更加艰难。最后，给学生树立懂得感恩的社会榜样与典型。

第二，将感恩之心转化为报恩行为。有了感恩之心便能更好地将情感转化为感恩的行为，以诚挚的行动予以回报是感恩过程中最具实际意义的一部分。一方面，要将感恩教育落实到学生的社会实践中。学校应该与社会联合，多与社会用人单位、慈善机构合作，为学生的感恩实践提供平台，并在学生岗位实习工作结束后让用人机构对学生给予一定的反馈，学生与单位的双向交流会使学生意识到自己对工作的奉献并不是自己的负担，而是对社会的回报。另一方面，鼓励学生根据感恩题材进行文艺创作，让学生将自己身边的感恩榜样人物写成剧本、制作成短片、话剧、小品等多种文艺形式，用学生自己的素材和作品，在学生自己的圈子里传播，这样更容易使感恩教育深入人心，也更具有说服力。通过以上途径让学生懂得感恩、进行感恩实践还是不够的，德育工作者还要加强学生的文化素养和道德自律，这样才能让学生的道德境界得到更高的升华。

3. 将人格修养融入幸福德育之中

道德可以对人的不良行为进行克制，还可以建立社会和个体内心的良好秩序。在学校中，许多学生对德育课程总抱有很低的期望和兴趣，认为德育课程十分枯燥无聊，所以，在德育工作的改革中，应该提倡"幸福德育"的理念，并将我国优秀传统文化融入幸福德育之中。幸福德育主要包括两个方面的内容，即完善自我人格和克服过分的欲望。

第一，完善自我人格。幸福德育的宗旨是奉献社会与关注自我幸福共存。我国优秀传统道德文化中"内圣外王"的理想人格与现代德育有异曲同工之妙，都要求个体实现内心与外在两个维度的共同发展，因为完善的自我人格既能很好地适应社会，也能很好地满足自我道德的发展，使学生获得更强烈的幸福感。一方面，完善自我人格要注重实践。先秦儒家几乎很少解释圣贤的含义，侧重教导人如何成为圣贤，主张"修心"，修炼道德精神，将所学所悟运用于现实世界，其中就要多运用"反求诸己"的德育方法，多思考、多反省，这样才能不断完善自我。另一方面，完善自我人格要重视德育的路径。优秀传统道德文化中"内圣外王"的理想人格重视"由内而外"进行修养，在现代德育工作中则需要德育工作者引导学生循序渐进地进行，先度己再度人，先完善精神再追求物质。

第二，克服过分欲望。在学校德育中要尤其强调"勤俭""自持"这样的优良传统。一是要树立榜样。在学生群体中选择恰当的榜样，并正确宣传榜样，同时，教育者也要言行一致，严格要求自己，有了教师带头，学生榜样才会更好地践行榜样精神。二是要践行节俭。多开展以"节俭"为主题的实践活动，如组织学生进行社会调查，分析当地各个社会阶层的收入和消费情况，指导学生了解按劳分配的实际意义，并分析人们为什么要储蓄，从而使学生切身感受到勤劳能够致富，节俭能够生财，使学生理解通过工作，人们既能奉献社会，也能得到应得的报酬。

第四章　中华优秀传统道德文化中
重点内容的创新性发展

　　中华优秀传统道德文化包含的内容很多，具体有儒家道德文化、墨家道德文化、法家道德文化等，关系错综复杂，如果一一列举出来，既有可能出现重复的概念，又无法将其完全阐述清楚，因此，笔者选取其中的重点内容展开阐述。孝悌之道、仁爱思想由孔子及其弟子提出、发展，属于儒家道德文化中的一部分，亦是中华优秀传统道德文化的重要组成部分。礼仪作为一种修养，是多层次的道德规范体系中最基本的行为规范之一，它属于道德体系中社会公德的内容。文明举止、谦恭礼让、礼貌待人、遵守公共秩序等，既是礼仪规范的要求，又是中华民族的传统美德。因此，传统道德文化是礼仪文化的基础，礼仪文化是传统道德文化的表现形式。任何一种礼仪都离不开道德，"道德仁义，非礼不成"，以礼待人，按礼行事，正是道德高尚的表现。

第一节　孝悌之道

一、孝悌之道的提出和发展

孝悌之道起源于尧舜；周文王时，对孝悌之道加以继承；将孝悌之道加以系统化、理论化的是孔子；将孝悌之道推而广之的是曾子。从汉代开始，各朝各代统治者就以政治的力量对孝悌之道大力提倡和推广，并且加以继承和弘扬，从而形成历史悠久的孝悌文化。

孔子生活在春秋战国时期，当时周室衰微，诸侯之间战争不断。面对如此复杂纷乱的社会态势，孔子在继承尧舜的孝悌之道和吸收儒家自身新的道德理念的基础上，经过缜密的思考，首次提出并逐步建立了以"孝悌"为基本规范和基础，并以"仁"为最高境界的伦理道德体系。

孔子一生致力于恢复周礼，然而在春秋战国时期混乱的社会状况下，传统孝道已经无法起作用了，因为那时的人们已经没有精力去践行社会伦理了。孔子根据当时社会状况重新提出孝道理论，是为了使其提出的主张得到世人的认可，以此来稳定社会秩序，最终恢复周礼。以社会的基本单位——家庭为切入点，提出要尊敬父母，这也是使孝悌深入人心最直接和便捷的方法。孔子对孝悌之道的阐述其实与百姓的内在需求是极为吻合的，因此在百姓中得到了广泛的拥护和推广，这样一来，孝悌之道内化为人们个体意愿的进程在无形中被加快了。

二、孝悌之道的基本内涵

（一）孝道的基本内涵

以孝为本的理法规范就是孝道，孝道是阶级社会的道德基础和核心。孝既是家庭之道、人生之道，也是政治之道、社会之道，乃至万物之道。孝道是儒家思想的核心，其内容可以归纳为以下几个方面：

1. 顾父母之养

孝是人类血亲关系的反映，是人类原始的情感。父母是自己生命的创造者、养育者，父母的养育之恩终生难报。因此，子女成年后赡养父母既是子女的责任与义务，又是孝的首要和最基本的要求。《论语·里仁》载："父母之年，不可不知也。一则以喜，一则以惧。"孔子认为，子女必须记得父母的年龄，一方面，子女为父母健康长寿感到高兴；另一方面，父母的衰老与疾病是子女的忧惧。《论语·里仁》载："父母在，不远游，游必有方。"孔子认为，在父母有生之年，子女应该尽赡养义务，并无时无刻不为父母的生活着想，如有外出的情况，必须先把父母的生活安顿好。孟子有"五不孝"说，其中前三项便是"不顾父母之养"。《孟子·离娄下》载："惰其四肢，不顾父母之养，一不孝也；博弈好饮酒，不顾父母之养，二不孝也；好货财，私妻子，不顾父母之养，三不孝也。"可见，照顾父母、赡养父母在儒家看来是孝道的首要和最基本的要求。

2. 孝敬

《论语·为政》载："今之孝者，是谓能养，至于犬马，皆能有养，不敬，何以别乎？"孔子强调，身为子女，对父母不仅要有物质上的供养，而且还要使其获得精神上的满足，这就是孝敬，也是人类特有的孝道。孟子在《孟子·万章上》中说"孝子之至，莫大乎尊亲"，荀子在《荀子·君道》中也说，"为人子"应该"敬爱而致文"。至此，从孝养到孝敬是儒家孝思想的一大进步，具体可以从以下三个方面把握其内涵：

第一，孝顺。对父母的敬重最主要的标准是礼。子女应恭敬对待父母，善于听取父母的建议。《论语·为政》载："生，事之以礼；死，葬之以礼，祭之以礼。"说的就是"无违"。侍奉父母又讲究"几谏"，就是要委婉迂回地劝谏。《论语·里仁》讲："事父母几谏，见志不从，又敬不违，劳而不怨。"就是说如果父母有做得不对的地方，子女应该委婉地劝谏，要一如既往地孝敬父母，以恭敬的态度对待父母。曾子受孔子孝顺思想影响颇深，《大戴礼记·曾子事父母》载："父母之行，若中道则从，若不中道则谏。"可见，子女对父母无原则地顺从是儒家所反对的。

第二，孝继。以继承前人遗志为孝，也是一种被人们所肯定的思想。《中庸》说："武王、周公其达孝矣乎？夫孝者善继人之志，善述人之事者也。"这里的"述"是继承的意思，这句话是说，周武王继承了周文王的事业，周公继承了周武王的事业，能够继承前人遗志和没有完成的事业就是最大的孝。这种继承实际上已经超越了光宗耀祖的范围，起到了一种保证人类事业连续性的作用。从历史上看，子承父业的事例很多，例如司马迁的父亲司马谈是汉武帝的太史令，是专门负责管理天文历法、记载史事的官员。父亲死后三年，司马迁继任"太史令"的官职，这使他有了更多的机会阅读国家收藏的各种书籍，进一步熟悉和整理列国的历史及重大事件、代表人物等，从而大大丰富了自己的历史知识。在长期的史料收集和大量实地调查研究的基础上，又经过五年的准备，司马迁开始着手《史记》的编纂工作，继承他父亲"记载天下之文"的遗志。这种思想激励了中华民族的奋斗精神，被后人所赞颂。

第三，孝丧与孝祭。丧与祭是中国古代孝道的重要内容。儒家认为孝丧和孝祭是孝敬本应具有的意思。丧祭之礼是孔子尤为重视的，《论语·尧曰》说："所重：民、食、丧、祭。"对于已逝去的父母，孔子主张"死，葬之以礼，祭之以礼"。《孟子·离娄下》中，孟子更是强调"养生者不足以当大事，唯送死可以当大事"，这就看出了丧葬在中国古人心中的地位是相当重要的。在中国，对于丧葬和祭祀，不仅有很多很琐碎的理解，而且在丧葬和祭祀的过程中要拿出很多钱财，付出巨大的物资消耗。同时，我国古代要求父母亡，孝子要"寝苦枕块"且"三日不食"。从春秋起，就已经有为父亲服丧守孝三年之礼的风俗，在这三年中不得婚嫁，甚至不饮酒、不吃肉等。祭祀是教导人孝顺亲人的根本，故《礼记·坊记》曰："敬祀事，教民追孝也。"丧祭之礼，是人们尊重亲人、怀念祖先的重要礼仪。《礼记·经解》曰："丧祭之礼废，则臣子之恩薄，而倍死忘生者众矣。"孔颖达《正义》曰："丧祭之礼，所以敦勖臣子恩情，使死者不见背违，生者恒相从念。若废不行，故臣子恩薄，而死者见背，生者被遗忘。"所以，如果废弃丧祭之礼，人将"背生忘死"者众，社会就难以安定。

儒家认为，子女对已逝去的父母行丧祭之礼是"以恩报恩"之心的一种外在诉求。

（二）悌道的基本内涵

悌，也是中华民族优秀传统道德文化之一。孝讲的是亲子关系，是敬爱父母；悌讲的是兄弟关系，是顺从兄长。"悌"字，从心，从弟，即心中有弟，意谓兄弟之间友爱。《孟子·万章上》载："仁人之于弟也，不藏怒焉，不宿怨焉，亲爱之而已矣。"朋友与兄弟是近似的，但终究与兄弟是有差别的。《论语·子路》讲："朋友切切偲偲，兄弟怡怡。"我们通常用"同胞""骨肉""手足"来形容兄弟，这一份血缘亲情是朋友之间不具有的。《说文解字》载："悌，善兄弟也。"兄弟间相亲相爱是悌的基本要求。

儒家重视悌道就如同重视孝道一样，所以孝、悌总是并称，而相得益彰。《论语·学而》载："其为人也孝弟，而好犯上者，鲜矣。"《孟子·滕文公下》讲："于此有人焉：入则孝，出则悌。"儒家要求宗族内部既要处理好晚辈与长辈的关系，也要处理好平辈之间的关系，兄弟关系要和睦，特别是为弟的要处处尊重、礼让于兄，做到长幼有序。父早逝，长兄须担负起抚养、教育弟妹的任务，弟妹则须"事兄如父"。悌要求亲爱、礼让，主要是对为弟者提出的，但也含有兄弟相亲、兄友弟恭的双向道德责任关系。儒家讲"齐家"的内容之一便是处理好兄弟之间这种同胞关系。兄弟从小生活在一起，兄弟关系自然具有友爱、和睦与互助的一面，表现为兄弟间的手足情深。虽然"悌"这种子事父、弟从兄的观念有其局限性，但如果兄爱弟、弟尊兄，兄弟之间能够和睦相处，那么将十分有利于维护家庭团结。符合现代道德规范、行为在合理范围内的"悌"适用于一切比自己年长、地位高于自己的人。《论语·颜渊》讲："四海之内，皆兄弟也。"这种思想可以更好地指导人们尊重与团结他人。

"悌"与"孝"一样，都是古代宗法社会的重要道德规范。需要指出，对于孔子的"孝悌"思想，人们通常只注意"孝"这方面，而很少会提及"悌"的方面，这显然是不对的。事实上，"悌"与"孝"一样有着重要的社会作用。孔子说"出则悌"，表明"悌"并不是仅仅局限于家庭内的。所谓"出则悌"，就是要在社会这个范畴内讲"悌"。在社会上讲"悌"，就是对社会上所有比自己年长的人都要尊重，比自己年少的人要爱护、礼让。当今社会中我们所提倡的"尊老爱幼"，实际上就属于这个范畴。如果我们仔细观察当今社会人与人之间发生的种种摩擦与纠纷，不难发现，发生这些摩擦与纠纷主要是因为当事人不知"悌"的缘故。社会上一切不讲先后次序的无序现象，如插队，实际上也都属于不知"悌"的表现，因此，我们应该大力提倡"悌"，不应当忽略"悌"，要通过教育让人们知道"悌"。面对构建和谐社会的现实要求，如果我们不知"悌"的道理而空讲和谐，那么和谐恐怕只能是表面的或一时的。

（三）孝悌合一

"孝悌合一"，在西周的孝道中是没有的，这是孔子提出的。《论语·学而》中"其为人也孝悌，而好犯上者，鲜矣"的说法，就是孔子巧妙而具有独创性地将"孝"和"悌"联系在一起的体现。悌，是从横向讲道德规范；孝，是从纵向讲道德规范。自孔子这一理论提出后，孝悌理念就作为一个整体被传承下来。后来孟子在孔子孝悌理论的基础上，对孝悌合一思想进行了更加全面、深刻的阐述。《孟子·尽心上》中提出："亲亲，仁也，敬长，义也。"孟子从社会关系的原则出发，将这一提法称为"义"。假使人们能按孟子的提法去处理问题，也就做到由悌修义、安分守己、尊长敬上，那么在当时的社会恢复周礼就是有可能的，社会等级秩序就不会紊乱，等级制度也不会被破坏。

孔子讲孝悌合一的目的是什么？首先，这是维持人伦必须要做的，且一个正常人本应具备的德行就是善事父母。《论语·阳货》曰："子生三年，然后免于父母之怀。"可见父母恩深。同样，人伦也包含"悌"，《论语·微子》曰："长幼之节，不可废也。"其次，"孝悌"可以促进家庭的和睦。由于《论语·先进》里提到"孝哉闵子骞！人不间于其父母昆弟之言"，闵子骞被称为"孝"，而"人不间于其父母昆弟之言"正是家庭和谐的反映。兄弟之间讲究"悌"，家庭自然也无"阋于墙"之虞，可见"悌"也有助于家庭和谐。再次，"孝悌"可以促进社会的和谐。社会和谐的基础是家庭和谐，普通人对父母"生，事之以礼；死，葬之以礼，祭之以礼"，必不会违反社会规范；"出则悌"，必能减少社会矛盾，这样社会自然多一分和谐。君"孝慈"，更能使百姓尽"忠"；而君民一心，社会自然也就更加和谐。《周易·家人卦》曰："父父、子子、兄兄、弟弟、夫夫、妇妇，而家道正。正家，而天下定矣。"所谓"父父、子子、兄兄、弟弟"，主要就是指孝悌之道。可见古人已经知道"孝悌"关乎"天下定"，即社会和谐安定。所以，孔子后来把"孝悌"提升到了政治的高度。《论语·为政》中，孔子讲"孝乎惟孝，友于兄弟，施于有政"也算是"为政"。《论语·子路》中，孔子把"宗族称孝焉，乡党称弟焉"作为衡量"士"的重要标准。可见孔子主张"孝悌"，并不是单纯地出于人伦的考虑。

三、孝悌之道的创新性发展

（一）孝悌之道创新性发展的必要性

随着时代的发展，孝悌之道的内涵也在发生着变化，它并没有随着社会的发展而消失。虽然在社会主义市场经济转型过程中人们的价值观在发生变化，但是孝悌之道却始终是衡量一个人道德水平的重要标准。在科学技术高速发展的今天，社会生产力水平有了巨大的提高，随着社会生产力的提高，人们物质生活日益丰富，对精神文化的需求随之增长，因此，必须根据现代家庭与社会的需要，赋予孝悌之道新的内容与形式。

孝悌之道是中华伦理道德的核心，其内容丰富，既有传承下来的精华部分，又有随着时代发展的部分，然而其中有些内容已经不再适合当今社会发展的需要。我们要对深厚的孝悌之道的传统文化进行"扬弃"，重构新时代的孝悌之道。

首先，传统孝悌之道的创新性发展与我国的实际国情相符合。在创新重构孝悌之道时，必须从我国的国情出发，中国社会主义仍然处于并将长期处于社会主义初级阶段，人口多、底子薄且日益老龄化，生产力发展还不充分，社会保障水平急需提高，特别是在农村，农民的养老、医疗问题仍然需要家庭来负担。"养父母"是孝悌之道所提倡的，这也是家庭伦理道德的基础。"父义、母慈、子孝、兄友、弟恭"是孝悌之道所强调的一种人伦亲情，也是人文主义关怀的体现。重亲情是我国人民的品质特点之一，在使老人获得物质满足后，还要在精神方面让老人感到富足。亲人和睦相处，晚辈与长辈经常交流等，是晚辈对长辈的孝道，是一种基本的道德义务和社会责任。只有这样才有利于解决目前在家庭伦理、社会伦理方面出现的问题，从而为维护社会和谐打下良好基础。

其次,传统孝悌之道的创新性发展与社会主义道德建设相通。孝悌之道中,以晚辈对长辈合情合理的孝来调控家庭关系、社会关系,从而建立稳定、和谐的社会秩序,并由此解决老年人的奉养问题。孝是个人道德修养的起点,爱与奉献是道德的本质,一切道德都源于对他人的爱与关切,因此孝的本质是一种爱与敬的感情与行为,是一种克己奉献的精神,故它能成为道德之源。除此之外,古人认识到了孝对于教化的作用,《礼记·祭义》说:"众之本教曰孝。"又说:"立爱自亲始,教民睦也;立教自长始,教民顺也。"孔子所努力塑造的民族"仁里礼表"的文化心理结构,正是建立在孝德、孝道之上的,以之为逻辑起点和基石,然后将其由个人私德引向社会公德。"我为人人,人人为我"是目前我国提倡的一种社会公德价值取向,这种对他人、社会、国家充满责任感的价值取向,是调节人际关系、维护家庭和睦、促进社会稳定的思想武器,这种价值取向与"父慈子孝""兄友弟恭"等孝悌要求具有一致性。孝悌之道把培养人的道德心、净化社会风气、提高社会整体道德水平作为首要功能,同时,对老人的安顿、对幼儿的培养也是孝悌功能的体现,这对传承人类文明有一定的作用。以上讲的就是孝悌之道赋予人一定程度上的发展与社会主义所追求的人的发展是具有一致性和相容性的。

最后,现代社会科学技术的迅猛发展与家庭结构的变化要求传统孝悌之道进行现代化转换。现代社会各个领域的发展是科学技术迅猛发展的结果。现代医学的发展显著,通过科学的治疗,一些从前困扰人们的疑难杂症得以解决。日常生活中,交通的便利和通信技术的发达使"父母在,不远游"发生了质的变化。古代家庭的数世同堂变成了现代社会由夫妻及其未成年子女组成的核心家庭等。

综上所述,传统孝悌之道的种种做法已经不再完全符合现代社会发展的需要。随着时代的发展,我们应对传统孝悌之道加以"扬弃",赋予孝悌之道符合时代要求的新内涵与新形式。

(二)孝悌之道创新性发展的依据

1. 根据社会发展的要求

我国宪法明确规定子女有赡养老人的责任和义务。倡导孝悌观念是一个国家文明程度的标志,也是社会进步的体现和发展的要求。随着科学技术的发展、生产力水平的提高以及经济方面的发展,我国产业结构发生了很大的变化,作为第三产业的服务业的就业人口超过了农业,社会的组织形式和社会关系不再是家庭组织和血缘关系,而是职业组织和业缘关系。在城市中,生产方面的功能已经由家庭转移给社会职业组织了。在政治方面,民主政治是我国实行的制度,每个公民都拥有平等的政治权利,即父子、兄长等任何家庭成员及社会成员在政治经济方面都拥有同等的权利。

2. 现实生活的实际决定孝悌观念的转换

孝悌观念的转化必须从现实生活的实际出发,以人们的现实生活为基础,目的是改善人们的生活质量。在进行创新性发展后,无论是城市还是农村,都和传统意义上的城市和农村有很大的不同。就城市生活来说,无论是成年人还是学生,都在快节奏下生存着,这些现实状况表明,人们已经不可能像封建社会那样随时侍奉在父母身边了。孝悌观念在进行创新性发展时,必然要考虑这些因素。

(三)孝悌之道创新性发展的途径

1. 开展孝悌教育

传授孝悌观念就要将时代特征融入其中,有针对性地进行孝悌观念的教育。传统孝悌观念的理论经典——《孝经》,可以为当代的孝悌教育提供优良素材。现代道德文化是传统道德文化的延续,如果要对传统的孝悌观念进行创新性发展,就要注入新的内容,以适应现代社会发展的需要,做到与时俱进、推陈出新,从而使传统孝悌观念走出困境。同时,采用多种形式对其进行传播,以确保孝悌观念普及、渗透到每一个人的心中。家庭是孝悌观念教育的主要场所,孝悌教育的基础和突破口就是家庭教育。作为家长,应该把孝悌教育纳入教育孩子的重要内容,使之与知识学习并驾齐驱。教育孩子把学会孝敬父母作为做人的基本要求,通过爱与感恩的教育培养孩子的孝悌意识。由此可见,在孝悌教育途径中,家庭教育的作用是其他教育模式不可替代的。

在现今社会,学校理应成为推广孝悌教育的重要基地。在学校中进行孝悌教育是为了使学生形成良好的道德素质,对提升全社会的道德水平有重要作用,学校孝悌教育直接、必然地影响学生的道德素质。学校的孝悌教育应该使学生从学会孝敬父母扩展到尊敬他人、关心社会，也就是说，今天的孝悌教育，应该把弘扬优秀传统道德文化与体现时代精神结合起来。孝道是中国几千年文明的主要道德体现之一，所以，把孝悌教育引入学校教育，让学校成为传播孝悌文化和文明的摇篮，对于中国文明的传承有着深远的影响。孝悌观念教育最大的课堂是社会，无人规范、无人检查的社会教育会阻碍人们道德修养的提升。社会教育从外部约束、评判着孝悌观念的实践。将家庭教育、学校教育和社会教育紧密联系起来，互为补充，互为保障，是孝悌观念教育取得成效的必然选择。倡孝悌、重孝悌、尽孝悌的风尚对社会的发展、公民道德素质的提高及社会文明程度的展现都有重要作用。

完备的理论体系、完整的教育体制，加上全体社会成员的认可，是传统孝悌教育的成功之路。因此，在进行孝悌教育时，一定要注意构建孝悌观念的社会基础和接受机制，这也是孝悌教育获得成功的前提。

2. 发挥法律的促进作用

现代社会由"伦理型社会"向"法制型社会"转变。成年子女对父母表现出的种种不孝的行为，对老年人的正常生活、对家庭和睦及社会稳定都有不良影响。因此，要运用法律手段维护老年人的合法权益，使社会形成一种尊老、养老、敬老的道德风尚，让人们真正认识到养老不仅是"家务事"，也是一种公民应尽的义务。通过法律援助，维护老年人的合法权益，对不尽养老义务的人给予惩罚，这也是传统孝悌观念具体化的体现。

3. 发挥政府的主导作用

在加强法制约束的同时，发挥主导作用是政府的职能。要充分动员社会各界力量，以多种形式和渠道进行宣传教育，在全社会范围内开展孝悌建设。政府对相关社会政策的制定要充分重视，尤其要全力支持学生的孝悌教育。想要让孝悌观念成为人们自觉行动的社会准则之一，政府还要积极转变政府职能，加强服务功能，提供极具针对性的便利服务。政府应提供相关服务来保障老年人的基本需求，为子女的孝行提供稳定的环境保证，使老年人对生活的满意度和幸福感都有所提升，使子女与老年人之间的代际相处更加和谐，在全社会范围内践行孝悌之道。

（四）孝悌之道内容和模式的创新性发展

1. 孝悌之道内容的创新性发展

传统孝悌观念具有不可估量的现代价值和意义，我们不能忽略这些价值和意义，要使其为现实社会服务。民族团结、和谐的人际关系、爱国主义精神、家庭和谐等思想理念都源于传统孝悌观念，我们要深入挖掘传统孝悌观念的内容，对其进行创新性发展，使其为现代社会服务。

（1）孝敬

从只重视物质赡养转移到物质与精神赡养并重。随着社会的发展，老年人不仅注重自身的物质生活，也注重精神生活。由于这种变化，现代的孝悌观念也应更加关注老年人的精神生活。子女在使老年人的物质需求得到满足的同时，应更加关心老年人的精神生活。

两代人的共同努力是实现精神赡养的保证。子女应尊重父母，当然这种尊重是以互爱为前提的。子女在情感上要尽力使老年人得到慰藉，另外，子女如果不能经常在家陪伴老人，那么无论多忙，也一定要经常与父母进行沟通，如节假日时多回家看望父母，在父母生病的时候尽量陪在他们身边，这是儿女应该做的，可使父母心情愉悦。老年人想要获得心理满足的意愿，也是子女要关注的。每个老年人都是一个独立的个体，有自己的愿望和想法，子女要尽量理解并尊重他们的选择，满足他们合情合理的意愿，让他们安享晚年。子女应使父母安心，而使父母安心就要成就自己的事业和家庭。身为子女，一要为自己的事业努力，二要有个和睦幸福的家庭，这样才能使父母感到安慰和满足。

另外，敬老助老还应落实到每位社会成员的日常行动中，提倡社会成员以志愿服务的方式为老年人提供帮助。当今社会，志愿者服务已经成为一种对老年人照顾支持的方式，其作用也是显而易见的。在我国，很多城市的社区都开展了"结对子"的活动，这种做法在一定程度上为老年人提供了精神慰藉，也成为解决当前我国养老问题的一个行之有效的措施。

（2）互动

一方面，互动是指父母与子女之间的双向互动。协调家庭成员血亲关系的道德规范之一就是孝悌。现代社会讲求的是子女与父母之间双向的道德责任关系，并非单向的孝。子女对父母的爱心来源于父母对子女的关心、爱护和理解。在人格平等的基础上建立的现代和谐家庭，是以感情为纽带的关系，这种父母与子女互益的权利与责任关系中，强调情感交流是父母、子女互动关系的特质所在。同时，年轻人在竞争激烈的现代社会中面临着生存与就业的双重压力，此时，父母应该给予子女支持、鼓励。因此，我们强调父母给予子女更多的关爱和理解是孝道创新性发展的重要内容之一。

另一方面，互动是指兄弟姐妹之间的双向互动。兄弟姐妹之间相亲相爱是"悌"的基本要求。"悌"要求兄友弟悌，如果父母早逝，那么长兄就应该承担起抚育弟妹的责任，弟妹则应像尊敬父亲一样尊敬兄长。面对现代家庭中子女较少的现状，兄友弟悌对于营造和谐家庭就显得更为重要，同时也应该推而广之，把兄友弟悌的范围扩展到同事、朋友等更为广泛的社会范围中。这种双向互动的道德关系对现代社会中的人际关系也同样适用，不但可以促进社会成员之间相亲相爱，还可以促进家庭和睦，维护社会稳定。

（3）平等

在儒家孝悌之道的创新性发展中，必须坚决抛弃不合时宜的封建内容，确立平等的观念，父母与子女在社会地位和家庭地位两个方面都是平等的。现代家庭的民主化使父母与子女之间形成双向义务，两者之间的相处是彼此具有独立社会人格的个体之间的相处，平等使二者既是亲属关系更是伙伴关系。新旧孝悌观念的根本区别就是二者对待平等的态度。

（4）共享

共享是孝悌之道在当今社会中的创新理念，传统孝悌之道并没有这个理念。现代社会提倡对老年人的社会价值给予充分的重视，让老年人作为社会发展中平等的一员而存在。不仅要通过制度建设来保障老年人的生活，还要确保社会经济发展带来的福利为老年人所共享，使他们的生活水平和其他人群同步提高。这是为了更好地保障老年人的基本权利，也是老龄化社会必然面对的现实，更是人类社会发展的必然要求。孝悌之道的创新性发展把共享作为一项重要内容，这是对传统孝悌观念合理内核的升华，也是社会文明进步的结果。

综上所述，孝敬、互动、平等、共享这四个方面相辅相成、相互联系、不可分割，这些内容可以充分体现传统孝悌创新性发展的不可估量的价值，同时也是对传统孝悌观念的继承、创新与发展。

2. 孝悌之道行为模式的创新性发展

尽孝的范围应扩大到家庭成员中的其他人。在现代社会中，尽孝的责任主体应该扩展到家庭或家族中的一切成员，使整个家族成员"动"起来，这样既有利于减轻子女的负担，也可以促使家庭成员之间建立融洽、和谐的关系，使人们的幸福感增加。

就行为方式而言，尽孝的方式有很多种。随着时代的发展，"尽孝于父母跟前"的尽孝方式已经很难实现了，这是由现代社会代际居住方式的分散化、社会流动性增大、社会竞争日益激烈化三者共同作用的结果。因此我们也要看到，尽孝的方式日渐多样化在现代社会已成为现实。首先，孝悌方式转变的突出特征是自立、自养及创业。其次，在老年人没有劳动能力的情况下，子女在经济上应对父母给予经济支持，同时在日常生活中要帮助父母做一些力所能及的家务活，减轻他们的生活负担。最后，要常回家看看，勤于与父母及其他长辈沟通、交流，解决他们在精神上的苦恼和困惑，这也是最重要的一点。如果因工作学习等情况无法脱身，就要多以打电话、发信息的方式来和长辈沟通，让老年人摆脱孤独感。同时，子女应鼓励父母经常参加为老年人举办的娱乐活动，使老年人通过和同龄人在一起互动，来排解不良情绪。需要注意的是，孝悌之道是指双方面的沟通和理解，生活在竞争如此激烈的社会中，子女的压力不言而喻，所以子女同样需要来自父母和长辈的关怀，以获得心灵上的慰藉。

情同手足是"悌"在现代社会中的表现形式。孝悌之道中的"悌"要求做到长幼有序。然而，平等、合作、集思广益、追求效率等是现代社会的特征，想在日益激烈的现代社会中有所建树，就需要兄弟之间紧密合作、携手共进。在尊重的前提下，要善于采纳他人的建议。然而，我们需要注意的是，在现代社会中，"悌"的范围不再只局限于亲人之间，在适当的时候可以扩展到朋友的范畴。

第二节　仁爱思想

从古至今，仁爱思想在我国社会发展的过程中有着很重要的作用。随着时代的不断变迁和发展，仁爱思想已经从道德领域逐渐延伸到社会的各个方面，特别是我国现在正处于社会转型的关键时期。随着社会主义市场经济的不断发展，仁爱思想又重新进入了大众的视野。

一、仁爱思想的基本内涵

仁爱，我们把它定义为宽厚待人，对人慈爱、爱护以及同情的感情。仁爱可以是长辈对晚辈的一种爱，也可以是君王对臣子的一种爱。"仁"是"古代儒家的一种含义极广的道德范畴"，从古籍中我们可以看出，仁爱是一种美德。在早期，"仁"和"爱"不是在一起使用的，而是分开使用的，仁爱在古文中的词义与现代的词义是不同的。"仁，亲也"，是《说文解字》中对"仁"的表述，对其普遍的理解是，人与人之间要相互关爱。《论语·颜渊》中，颜渊问孔子"仁"的含义，子曰："克己复礼为仁。一日克己复礼，天下归仁焉。为仁由己，而由人乎哉？"在这句话中"仁"的含义就是美德和才能。而"爱"，《康熙字典》中的释义为"仁之发也，从心，无声"，这指的是对其他人或事物的一种喜爱之情。这种爱包含了很多的方面，比如自爱，就是要学会关爱自己。所以我们可以看出，"仁"指的是在社会交往的过程中，人与人之间形成的一种良好的关系和情感寄托，这是一种关爱他人的美德；"爱"的含义是关心和爱护他人。由此可知，"仁"与"爱"的释义是相互联系的，并沿用至今，就是我们现在所说的"仁爱"思想。本节中仁爱思想的定义为，关爱自己、关爱他人、热爱国家。

二、仁爱思想的主要内容

孔子首先把"仁"作为儒家最高道德规范，提出以"仁"为核心的一套学说。"仁"的内容包含甚广，内涵丰富，涉及的角度也比较全面。"仁"的核心是爱人，这也是"仁"的本质，表现形式多样，不同的表达形式都体现了"仁"的本质。从层次上讲，包括人与自然的关系、人与人的关系、人的身与心的关系；从内容上讲，包括恭、宽、信、敏、惠或仁、义、礼、智、信。儒家把

"仁"的学说施之于政治，形成仁政学说，这在中国政治思想发展史上产生了重要影响。仁爱精神，是儒家文化的基本精神。仁爱，不仅要爱人，也要兼爱万物，只有做到这些，才称得上大仁大贤之人。对孔子所提倡的"仁爱"，学者们普遍认为是人要有爱人之心，但孔子的仁爱思想不仅是指对人要有仁爱之心，同时也指对万物要有仁爱之心，对自己也要有仁爱之心。所以严格说来，孔子的仁爱思想是包括这三个层次的。这三个层次的思想，涉及人与自然的关系、人与人的关系，人的身与心的关系。笔者把仁爱思想的主要内容归纳为个人之仁爱、社会之仁爱、政治之仁爱三个方面。

（一）个人之仁爱

仁爱思想的核心是"爱"，以"爱"为出发点，以个人为行为主体向外围事物扩展，在爱自己的基础和前提下，去爱他人、爱万物。爱自己主要包括爱惜自己的身体和提高个人修养两个方面，爱他人是由爱自己扩展到爱自己身边的人。家庭是社会最基本的组成单位，每个人都处在家庭关系和社会关系中，因此就要从自己的家庭开始，去爱自己最亲近的人。《孝经·开宗明义》说："身体发肤，受之父母。不敢毁伤，孝之始也。立身行道，扬名于后世，以显父母，孝之终也。"爱护身体，就是爱自己，这是基础，是孝的起点，因为身体是父母给予的，故而爱自己也是对父母孝的开始。爱自己的另一面就是对个人思想、行为、品格的要求，要有君子的风范，即"修己"。"子路问君子。子曰：'修己以敬。'曰：'如斯而已乎？'曰：'修己以安人。'曰：'如斯而已乎？'曰：'修己以安百姓。修己以安百姓，尧舜其犹病诸？'"（《论语·宪问》）孔子认为，提高自身修养是君子立身处世和管理政事的关键所在。

（二）社会之仁爱

仁爱以家庭为起点，向外扩展到多个家庭，乃至整个社会上的所有家庭，这就发展到社会的仁爱。儒家仁爱思想在社会方面的体现，则主要是提出了人在社会关系中的内在精神要求以及外在标准。《论语·阳货》中子张向孔子问仁，孔子说"能行五者于天下为仁矣"，即"恭、宽、信、敏、惠"，并解释说："恭则不侮，宽则得众，信则人任焉，敏则有功，惠则足以使人。"根据孔子所言，"恭、宽、信、敏、惠"这五个方面都是社会生活中必需的道德品质，也是个人社会能力强弱的体现，是施行"仁"的必要条件。

"恭"是在人际交往中的要求标准，《论语·季氏》中也提到了"貌思恭"，与人交谈中要有端庄、严肃的仪容态度，这是对别人有礼貌的体现。"宽"则体现了一种包容的精神，海纳百川，有容乃大，只有包容，才能理解别人，容易与人沟通，得到别人的支持拥护。"信"则要求在生活和工作中都要讲究诚信。讲诚信才能有朋友，不讲诚信，则不能走得太长远。在《论语·学而》中，孔子认为"敏于事而慎于言"，体现的是实干精神，要善于观察，多做少说，这样才能近仁。"惠"则是人的自觉性的彰显，难道只要做到了"惠"，就可以使唤别人了吗？其实未必，这只是体现了一个方面，只有站在对方的角度上思考问题，为对方考虑，对方才会愿意接受你的使唤，一个人给予他人真正的"惠"，绝不是有所企图的，不是为达到施惠者个人目的的小恩小惠。"惠"是善意的，有恩在其中，其目的是要促进和实现他人的发展，是真心惠及他人。因此，当他人认识到你的想法和做法对他确实有利时，他就会服从你。如果施惠者内心并没有为他人全盘考虑的打算，施惠就不会被他人所接受，自然也就无法去使唤他人。如果仅仅因为实施了恩惠，就想去使唤他人，他人也不会真正地服从你。"惠则足以使人"是合乎规律性和目的性的完美统一。很多时候，如果没有威严，一味实施恩惠，就不足以有威慑力，因此要恩威并重，既不能做生活中的"老好人"，也不能占别人便宜。

（三）政治之仁爱

作为中国政治哲学的最重要的概念——仁政，是由孟子首先提出来的。"仁政"的基本精神也是对人民有深切的同情和爱心。孟子的政治思想是从他的人性理论发展而来的："人皆有不忍人之心。"实行于政治方面，就是不忍人之政，即仁政，有时也称"王道""王政"等。孟子的仁政思想可以概括为以下几点：① 政治上，要以民为本。孟子最早提出"民为贵，社稷次之，君为轻"的民本思想，这在中国古代社会是非常难能可贵的。他总结历代王朝兴废存亡的经验和教训，明确得出："得天下有道：得其民，斯得天下矣；得其民有道：得其心，斯得民矣；得其心有道：所欲与之聚之，所恶勿施尔也。"他还一再告诫统治者要与民同忧共乐，指出："乐以天下，忧以天下，然而不王者，未之有也。"孟子反对用严刑峻法治理国家，提倡君主"省刑罚"，教育百姓去修养孝悌忠信，主张"老吾老，以及人之老；幼吾幼，以及人之幼"。但仁政的核心是政治方面的重民。②经济方面，仁政的基础是"制民之产"，让老百姓生活上有基本保障，这是政治稳定的基石。孟子强调保护小农经济，以此来维持和改善老百姓的生计，从而奠定政权稳定的基础。③法律方面，孟子针对当时刑罚严苛的局面，提出"省刑罚"的主张。特别值得一提的是，孟子反对株连，提出"罪人不孥"，这一主张贯彻了儒家的仁爱思想，对中国传统道德文化的发展具有重大影响。

从个人角度的"仁"到家庭的"仁"、社会的"仁"，三个方面相互联系、相互影响，呈现出正相关性，个人发展得好就可以促进家庭及社会的"仁"，反之亦然。修己是个人道德主体人格的完善，追求"仁"的过程就是在逐渐达成修己安人、修己安家庭、修己安百姓、修己安社会的目的，最终实现个人价值及社会价值、个人理想与社会理想的完美结合。

三、仁爱思想的当代价值

（一）健全社会保障机制

春秋战国时期没有社会保障制度，但是儒家提出的"五亩之宅，树之以桑""恒产"等观点，就是想给百姓建立最基本的社会保障，这与现在的家庭联产承包责任制是相对应的，分户到家，以提高人民的劳动生产积极性。中国自古以来就是农业社会，现在仍然是农业大国，大部分人以土地为生。有了土地，人民也就有了生活来源和保障，有了安身立命的依靠，所以孟子主张的"制民之产"是最基本的民生问题。圣哲先贤主张的措施和方法，可以给现阶段制定方案提供参考借鉴，但不能照搬照抄，时代不同，具体情况也不同，我们要借鉴其中的思想精髓。一个相对完善的社会保障机制是整个社会正常运转的必要前提。孟子的思想主张是，百姓有恒产就有恒心，百姓有恒心社会就会安定下来，进而有利于统治者的管理；反之，则会出现社会动荡。在当代社会中，尤其是我国开始进入老龄化社会，老年人口增多，需要更多的保障措施。建立覆盖面广且完善的社会保障体系是政府的当务之急，这样有利于稳定民心，也可以实现社会的稳定发展。

（二）促进共享经济发展

共享理念的实质就是坚持以人民为中心，体现的是逐步实现共同富裕的要求。共同富裕是马克思主义的一个基本要求，也是自古以来我国人民的一个基本理想。《论语·季氏》中孔子说："不患寡而患不均，不患贫而患不安。"《孟子·梁惠王上》中孟子说："老吾老，以及人之老；幼吾幼，以及人之幼。"《礼记·礼运》具体而生动地描绘了"小康社会"和"大同社会"的状态。按照马克思、恩格斯的构想，共产主义社会将彻底消除阶级之间、城乡之间、脑力劳动和体力劳动之间的对立和差别，实行各尽所能、按需分配的制度，真正实现社会共享、实现每个人自由而全面的发展。

落实共享发展理念，归结起来就是两个层面的事：一是充分调动人民群众的积极性、主动性、创造性，举全民之力推进中国特色社会主义事业，不断把"蛋糕"做大；二是不断把做大的"蛋糕"分好，使社会主义制度的优越性得到更充分的体现。

（三）企业建立人性化的管理模式

儒家仁爱思想对管理者的影响则是促进管理者建立人性管理模式，从简单粗放型的管理模式向以人为本、以人性为核心的管理模式转变。品德体现一个人的世界观、人生观、价值观、道德观和法律观，是推动个人行为的主观力量，决定一个人的工作愿望。仁爱思想在管理者身上表现为管理意愿、道德情操、精神素质和言行作风。"仁爱"的管理思想是以仁政德治等伦理为主导思想，通过对人的教化，使社会各等级的人正确处理各种人际关系，从而达到管理的目的。这种重视人的需要和人的价值的人本主义管理模式，对于由现代西方由技术、制度、效率主导的物本主义管理模式所带来的精神危机，劳资关系及人际关系的紧张等缺陷，无疑具有重要的修缮作用。仁爱思想中的仁政思想，主张领导者要以人为本，避免苛政，以"仁"的思想对待人民。雨果曾说："善是精神世界的太阳。"市场竞争中存在着"物竞天择，适者生存"的丛林法则，然而善良却是文化的最终目标。孟子在君臣关系上，坚持了二元统一的观点，明确无误地指出："君之视臣如手足，则臣视君如腹心；君之视臣如犬马，则臣视君如国人；君之视臣如土芥，则臣视君如寇仇。"意思是：君主看待臣下如同自己的手和脚，臣下看待君主就会如同自己的腹部和心脏；君主看待臣下如同狗和马，臣下看待君主就会如同路人；君主看待臣下如同泥土草芥，臣下看待君主就会如同仇人。只有对立双方的统一和谐才能促进事业的顺利进展。文明社会、现代企业总有管理者和被管理者的分工，如果管理者能够以孟子之言为借鉴，以人为本，体恤员工，那么员工出于感恩及责任也会坚持企业利益至上，从而为企业带来不可估量的软实力。

仁爱思想对企业内部关系的建设也具有重要意义，一是体现在员工与领导之间的关系。仁爱思想能帮助企业增加人文关怀。企业关心员工，员工也会不仅视企业为工作的地方，更视之为家。信仰是一个人的价值观导向，企业应在维护员工利益的同时，让其感受到家的温暖，培养其对企业的忠诚度和信仰。

二是体现在员工与员工之间的关系。儒家仁爱思想包含和谐思想，如"己所不欲，勿施于人"（《论语·颜渊》）。企业中的每一个员工都有自身的优势和价值，良好的劳动分工和相互之间的合作配合，使得企业进步发展。倘若员工之间由于利益冲突产生矛盾、摩擦，闹得不可开交，势必会影响工作效率，损害企业利润。"中庸"理念是一种整体思维方式，它反对切割，提倡整合；它希望清晰，却又渴望转化。使仁爱思想贯穿企业的发展，能提高群体的凝聚力，实现员工之间的团结，更注重人与人之间亲密、和谐的互动关系，有利于营造良好的公司氛围。

四、仁爱思想的创新性发展

仁爱思想虽已比较成熟，在社会主义建设实践中发挥着重要作用，其价值已被时代所验证，但任何事物都是动态发展的，仁爱思想也需要随着时代的发展而有所创新。仁爱思想要想与时俱进，就需要积极寻找仁爱思想与现代文明、中国特色社会主义理论的新的契合点，对其进行深入挖掘和阐发，处理好继承与发展之间的关系。

（一）深入挖掘仁爱思想的内涵

仁爱思想体系庞大、复杂，涉及的范围广泛，主体多样。它虽然随着历史的发展而不断革新、升级，但有些内容还需要人们进行挖掘阐发和创新改造。博施济众、万物并育、民吾同胞等仁爱思想，仍具有较高的社会性哲学价值与实践性真理价值。仁爱思想是博爱精神的沃土，它倡导与人之爱不仅存在于亲友之间，还存在于乡邻、同胞之间。仁爱思想体现了"四海之内皆兄弟"的仁民情怀，体现了"万物并育而不相害"的人与自然的相处之道，体现了"民胞物与"的人际关系经营、维系之准则。推古及今，社会主义家庭文明建设、社会主义公民道德建设以及和谐社会建设等，都能够从仁爱思想中寻觅到踪迹。

第一，大力倡导严于律己、宽以待人的恕道精神。上善若水、厚德载物、躬身自省强调的都是修炼自己的品行，以宽容、博大的胸怀包容、谅解他人。孔子将恕道精神概括为"躬自厚而薄责于人"（《论语·卫灵公》），这也成为中华儿女对自身道德的要求准则。越是物质文明高度发达的社会，越要注重培养这种理智平和的心态与豁达和谐的品质，越要使社会充满爱与正能量。

第二，努力运用推己及人、由人及物的思维方式。仁爱思想并非心灵鸡汤，而是世间至理。仁爱思想中的很多主张都具有较强的现实性和可操作性。"老吾老，以及人之老；幼吾幼，以及人之幼"，让每个人都从关爱自己最亲近的人开始，而尝试着立足于他人的视角与角色思考问题，这样就可以使每一位老人、每一个幼儿都得到悉心的照顾与呵护，就可以使每一只动物、每一棵树苗都得到精心的养育与栽培。人们从身边最亲近的人与物开始，逐渐推广到更大的范围，反映出中华民族修身、齐家、治国、平天下的逻辑层次。

第三，执着追求止于至善的精神境界。例如，"上善若水，水利万物而不争"（《道德经·第八章》），上善若水几乎是每个中国人都向往并执着追求的品质。人们希望自己可以像水一样，哪里需要自己就流向哪里，体现自己的价值，拥有自由。

（二）促进仁爱思想的创造性转化

中国特色社会主义进入新时代，人们的生产生活、社会实践都发生了变化，人们的思想意识、文化认同、价值观念等也会受到外界因素的影响。在新时代境遇下，要赋予仁爱思想新的生机与活力，使其焕发出具有新时代特征的文化力量。因此，我们要结合时代需要，对仁爱思想实行创造性转化。创造性转化需要符合时代特征，符合思想发展趋势，符合人们思维方式，但在创造过程中却依然要坚守原则、底线、核心与要义，丰富仁爱思想的内容，拓展仁爱思想的内涵，扩大仁爱思想的运用范围。

第一，促进本体论层面的现代转化。仁爱思想的主体是万物至善。至善追求是仁爱思想教化世人的结果。马克思主义认为，物质决定意识，社会存在决定社会意识。仁爱思想虽属于意识成果，但其本身也是人们从社会生活中推理、总结出来的。因此，对仁爱思想进行创造性转化，就需要运用辩证唯物主义和历史唯物主义方法对其进行分析、阐释。

第二，促进认识论层面的现代转化。孟子认为"仁之端也"是恻隐之心；孔子指出"生而知之""学而知之""困而学之"（《论语·季氏》）的进学之道，并且教育弟子要养成"知之为知之，不知为不知"（《论语·为政》）的谦虚态度。仁爱思想非常强调认识与实践之间的关系。马克思主义观点认为，实践是检验真理的唯一标准，任何事都需要通过实践才能获得真知。因此，应该运用马克思主义的世界观及方法论对仁爱思想的认识论进行转化。

第三，促进仁爱思想内容层面的现代转化。仁爱思想的内容十分丰富，亲亲、仁民、爱物等思想在新时代仍具有突出价值。对仁爱思想的内容进行现代化转化，需要运用更接地气、更符合现代语言规范、更具时代感的文字将其表述出来，赋予其新内涵与新形式。

第四，促进仁爱思想实现方法论层面的现代转化。仁爱思想的方法论是"己所不欲，勿施于人"，倡导推己及人、换位思考。新时代，人们应该具备良好的思想品德、崇高的职业道德、文明的社会公德，这些都需要人们运用仁爱思想去解读、学习和思考。

（三）推进仁爱思想的创新性发展

文化是由人类创造出来的，并伴随人类社会的发展不断地完善、健全。中华优秀传统文化也始终处于创新发展的过程中。新时代，国家的经济建设、人民的生活都发生了变化，仁爱思想也应该摆脱枷锁，拥抱新时代，开启创新发展之路。创新发展仁爱思想，应该补充新时代人们产生的新思想、新文化、新认知，拓展新时代人们对社会发展、文明进步、经济建设、精神追求等的新诉求、新内涵、新释义；应该完善错综复杂的国际环境、瞬息万变的经济贸易状态、日新月异的科学技术革新等所涉及的新思路、新方法与新路径，增强仁爱思想的社会影响力、国际影响力，使仁爱思想成为中华民族一张靓丽的名片，为世界和平发展提供中国智慧。

1. 多方合力，培植仁爱精神

（1）社会倡导，科学释仁

儒家仁爱思想是我国传统文化的精髓。儒家的仁爱观是医治现代社会弊病、促进文明向更高阶段转型的重要思想资源，新时代需要儒学资源，并为儒学资源的开发提供了前所未有的机遇和广阔的舞台。对于传统的仁爱思想，我们不能直接实行"拿来主义"，笼统地照搬照抄，而是要把握好传统与现代的关系，做到取其精华、去其糟粕。而要取什么和去什么，就需要我们在继承和弘扬儒家仁爱思想时把握两点要求：首先，要科学阐释儒家仁爱思想。对其进行道德评价，肯定道德价值的精华部分，包括历史和现实条件下的价值；批判道德价值的糟粕部分，引导人们正确认识仁爱思想道德价值的两面性，避免全盘肯定或者全盘否定的现象发生。其次，要为仁爱思想注入新的时代内涵。这就要求儒家仁爱思想剔除传统的宗法的因素，摆脱血缘束缚，并引进西方"博爱"观念，经受法治社会的考验，从有差别和等级的仁爱真正发展成博爱。从而倡导每一位公民遵守社会公德、职业道德、家庭美德和个人品德，呼唤全社会心存仁爱。

个体是社会中的个体，社会由多个个体组成。两者互相依赖、密不可分，是整体和部分的关系，关键部分的功能及其变化甚至对整体的发展趋势起决定作用，因此，要认识到个体的重要性。政府作为社会的微观主体，要认真履行组织社会主义文化建设的职能，切实做到为人民服务、对人民负责，积极宣传马克思主义理论，弘扬社会主义核心价值观，组织好科、教、文、卫事业。例如，举办年度"感动中国"十大人物表彰大会，借此传播正能量，呼吁人们心怀大爱。同时，利用媒体的舆论效果来宣传和弘扬仁爱精神，新闻媒体具有覆盖范围广、影响力大等特点，利用媒体对仁爱思想进行正面宣传，对学生道德教育具有调节和导向作用。例如，新闻媒体对国内外的救灾援助行为进行实时跟踪报道，借此机会倡导社会各界人士献力量、奉爱心。此外，可利用媒体对社会反面事件进行批判，对学生形成一定警示，通过媒体对此类反面事例进行有侧重的剖析，更能体现出学生道德教育的生动性、现实性和针对性。因此，综合运用生活实际和媒体等道德教育的工具，有意识、有目的地营造仁爱的环境，是培植仁爱精神的有效途径。

（2）学校教导，感悟仁爱

学校以育人为主要目标，旨在培养有道德、有理想、有文化、有素质的社会主义优秀青年。"仁爱"是道德教育的主要品质之一，必然要作为道德教育的优质素材融入整个施教过程当中。学生在学校的时间最长，因此学校具有充足的教导机会。通过仁爱教育使学生感悟仁爱，主要从两个方面下功夫：

一方面，学校推行仁爱的教育理念。学校推行仁爱理念，可以以儒家仁爱思想为背景，开展多样化的实践活动，如组织学生参观烈士陵园，感受革命烈士的爱国情怀；组织班会，讲述历史人物的英雄事迹；组织学雷锋活动以及团体竞赛，使学生感悟仁爱的情怀。

另一方面，加强教师职业素质队伍建设。教师职业素养应体现以下三点要求：第一，教师要有仁爱之心，坚持以爱育人。做好教师，要有仁爱之心。爱是教育的灵魂，没有爱就没有教育，而这是教师应具备的基本素养。通过学校道德教育，不仅要让学生明白道德"是什么"，为什么要接受道德教育，还要让学生明白"如何去做"。通过诸多生活中的事例，巧妙结合学生的亲身实践，使他们切身感受到"仁爱"的作用，最终通过实践将教师所授知识融入自身的行动中。第二，教师要恰当地选取或编写贴近学生个体活动的生活故事进行叙事，还要在学生群体间营建一种使他们体会到感恩、关爱、友善等优良品质的氛围和环境。引导学生进入"仁爱"空间，理解生活故事，感悟仁爱的滋味。教师不能只做传授书本知识的教书匠，而要成为塑造学生品格、品行、品味的"大先生"。第三，教师要对学生的个体活动进行合理的规划，最好提出一定的改善意见，并促使学生认可和接纳，最终呈现于行动之中。要想实现这一要求，切不可忽视学生作为受教育者的主体地位，道德以主体为载体，离开主体谈道德，道德便无从说起。道德与主体的关系已经紧密到这样的程度，即一旦没有主体便没有道德，而且即便有了主体，如果主体不讲道德，也同样不会有道德。所以，教师在尊重学生主体性地位的同时，也应坚决避免教师以"家长式"的教学方式替学生选择、规划、做主，因为这种做法完全体现不出受教育者的主体性，更体现不出道德教育的时效性。

（3）自我疏导，学会自爱

成功的仁爱教育对于学生来说，是人生的一大笔财富，但其教育成果的显现和学生自身有着极大的关系。所谓"修身、齐家、治国、平天下",不以修身正心为始,何以平天下? 因此,培植仁爱之心也要要求学生进行自我疏导,学会自爱。只有自己心中有爱,才有可能去感染别人。首先,面对青春期,要正确认识自己,自觉接受和学习科学文化知识,明确人生成长发展的规律,理清自己渴望与他人期望之间的矛盾,从而做出更加科学的选择。其次,要学会反思、反省,完善自身人格。最后,从身边小事做起,孝老爱亲、团结同学、帮助他人,不断凝聚仁爱的情愫,锤炼自己仁爱的品格。

2. 由内而外,协调学生人际关系

"克己复礼"和"忠恕之道"的思想是学生实现仁爱的内在要求,"知行统一"的思想是衡量道德规范的基本准则,是一种外在要求。通过对学生进行由内而外的渗透和引导,有利于提升学生的道德素养,强化学生的道德约束力,帮助他们构建和谐的人际关系网。

(1) 明确忠恕之道的交往原则

"忠恕之道"是维系人际关系的道德准绳,体现了忠诚待人和宽以待人的道德交往原则。忠诚待人是人们对自己最基本的要求,对自己尽责、对朋友尽力、对家人尽心,是一种内在的德性,谓之"忠"道;宽以待人是人们对自己要求的外部延伸,由内而外、推己及人是道德情感的外现,谓之"恕"道,所以"忠恕"是实行仁爱的必由之路。

做到"忠"要体现在两个方面:一是忠于自己,二是对他人尽忠。人要正确认识和面对自己,日常的所作所为不能违背自己的志向和良知。正如孔子所言:"见危授命。"(《论语·宪问》)正是由于对自己的"忠",才产生了对他人的"忠"乃至对国家的"忠"。曾子曰:"为人谋而不忠乎? 与朋友交而不信乎?"(《论语·学而》)"忠"以其自身的成长与潜力的发挥为基础,展现它强大的力量。

学生时期是进行道德教育的黄金时期,教师应教育学生在忠于自己的基础上忠诚待人。忠诚待人要通过"信""诚""敬"等道德品质来鉴别和检验。首先,要有"信"。"信"是儒家要求的"五常"之一,是道德教育的目的所在。因此,与同学相处要讲信誉、守信用,这也是自爱的体现,以此作为交友的基础,有助于学生与他人建立良好的关系。其次,要诚实。"诚"是立"信"的必备条件,是"行仁"的途径。"诚"体现出忠贞、真实的道德品质,是儒家极力倡导的，也是当今社会极力倡导的。所谓"精诚所至，金石为开"，人们之间的相处是双向互动的，只有以诚实为原则，诚实守己、诚以待人，才能得到来自对方的"诚"，才能交到朋友。再次，要有"敬"。没有规矩，不成方圆，人们遵守规则大多是因为对权威的敬重，具体表现在敬人、敬事等方面，如孝敬长辈、尊敬老师、遵守规章制度等，人与人的交往有了"敬"的存在，才能够平等地进行交流，为交友开辟平等的道路。

处于学生时期的青少年具备较强的自我意识，容易以自我为中心，这极可能阻碍他们的人际交往。因此，"恕"对学生提出了更高的要求，学生要实现以"自我"到"他我"这一心理过程的转变，就需要"恕"这一交往原则来辅助。学生的人际关系出现矛盾，大多是因为一些生活中的小事，诸如乱用他人物品、不考虑他人感受等，其原因在于个别学生不懂得宽以待人，总是以自己的原则要求别人。实践证明，人际关系不和谐会对自身造成严重的影响，如果同学之间懂得宽恕，并能相互体谅，那么这会对他们的身心健康发展有积极的促进作用。但这里需要指出的一个误区就是，宽以待人并不是无条件地容忍别人，要时刻以仁爱为标准，把握自己的社会关系，以使自己形成正确的友善观。

（2）创设知行合一的评价机制

"知"和"行"二者相互依赖、相互统一，是道德过程的两个方面。前者是后者的开端和起点，后者是前者的目的和归宿。一些人"知"而不"行"，一味空想、妄想；一些人"行"而不"知"，看似忙忙碌碌，实则碌碌无为。"知"为"行"出主意，"行"为"知"做功夫。如果"知"的主意出得好，道德的躬行实践就会更具有自觉性；如果"行"的功夫做得深，对道德的认识就更能落实。同时，"知"和"行"又相互包含，其内容存在着紧密的内在联系，即知中有行、行中有知，正所谓"知之真切笃实处即是行，行之明觉精察处即是知"（《传习录·答顾东桥书》）。

现代社会，引导学生确立正确的价值取向必然要依靠合理且科学的道德评价机制，既要反映道德教育的目的，又要符合学生的身心发展规律。知行统一作为道德评估的原则，既检测学生道德方面的知识掌握情况，又检验他们行为方面的表现，因此，评估活动既具有指导作用，又具有规范作用。想要将儒家仁爱思想贯穿于学生的道德教育过程中，应先保证学生对仁爱思想的具体内容有一定的了解，也就是做到"知"。"知"的实际状况是衡量道德教育实际效果的重要一面，但对"知"的检验更多是从"行"上表现出来的，因此，道德评价更侧重于对学生"行"的考查，观察他们是否将仁爱思想落实于行动中，并通过具体的行为表现出来。

马克思主义认为，重要的事情不在于人们是否掌握了事物运动、变化、发展的规律性，而在于人们是否能根据本身所固有的联系，建立新的联系，在能动地认识世界的基础上能动地改造世界，正所谓"空谈误国，实干兴邦"。所以要通过"知"与"行"的有机统一对学生的道德教育进行评估，使其在知道"仁爱"的基础上着重践行"仁爱"，在日常的实践过程中真正形成正确的价值取向，实现自身的道德价值。

3. 由此及彼，培育和践行社会主义核心价值观

（1）将"为仁由己"融入学生日常教育

我国著名教育家陶行知先生提出"生活即教育"的理论，这里的生活教育是根据人的需要所提供的教育，由此可见，教育为人们的生活服务，主要帮助人们解决生活中的实际问题。在日常的道德教育中，学校要紧密结合学生的实际发展状况，设计与其身心发展规律和成长轨迹相适应的日常教育体系。当然，学校教育主要起辅助、引导和推动作用，想要真正把学生培养成为仁德之人，还得靠他们自己。通过"为仁由己"的思想渗透，将社会主义核心价值观内化为学生自身的价值追求，使他们明确，实现仁爱全在于自己。个人层面的爱国、敬业、诚信、友善是潜藏在人们心中的美好需要，而要真正到达仁德的境界，不仅要勤学，"下得苦功夫，求得真学问"，将所学的知识内化于心，还要踏实肯干，于实处用力，明确"道不可坐论，德不能空谈"，切实将内心的精神追求外化为自己的自觉行动，正所谓内化于心，外化于行。

因此，在日常教学中，学校可根据学生身心发展的一般规律进行分阶段、分目标教育。通过制订入学计划、生涯规划、升学计划和就业选择计划，引导学生主动地了解不同阶段需要确立的一般目标，并结合自身的兴趣、爱好、特长、意愿等制订自己的具体目标，并围绕"学校是什么、为什么要上学、上学要怎么做"这一主线，清除他们的困扰和障碍，帮助他们更轻松、更迅速地适应社会，提高适应新环境的能力。

（2）用"见利思义"加强学生思想道德建设

加强学生的思想道德建设，要贯彻落实公民道德建设工程，推进学生社会

公德、家庭美德、职业道德和个人品德教育，激励他们向上向善、孝老爱亲、忠于祖国、忠于人民。要实现这一过程，必然要以社会主义核心价值观为方向指引，其中，"见利思义"的实践方法极具可行性，它要求我们在个人利益和集体利益中间寻求处理二者关系的平衡点。

学生应辩证看待二者的关系，从本质上讲，个人利益与集体利益是一致的，当二者发生冲突时，应把集体利益置于个人利益之上。生活中，当我们与他人发生冲突时，可以采取以下处理方式：一是适当回避，暂时冷却处理，避免出现过度僵化的局面；二是适当迁就，抑制自己的需求，满足他人的需求，维持和气；三是适当妥协，双方各退一步，达成协定。"见利思义"的价值引导，可以促使学生形成善良的道德意志、道德情感，培养学生形成正确的道德判断，提高他们的道德实践能力，尤其是自觉践行能力，追求守公德、严私德的生活。基于这一引导，进一步帮助他们在未来的职业生涯规划中，做出正确的选择。让学生在规划自己的学习和职业生涯时做到理性分析主、客观条件，把自己的爱好、需求同国家的发展、需要相结合，做一个真正有道德的人。

第三节　礼仪文化

随着社会的发展，生产活动遍布全世界，交往的范围也在进一步扩大，各个国家、各个民族之间的交流与往来随之变得越来越频繁，尤其人与人之间的交往是不可或缺的，得体的行为举止能增进人们之间的了解，促进人们之间的社会交往，使人们乐于进行社会交往。"礼"是中国古代特有的文化现象，所以为了更加准确地理解"礼仪"，更好地研究中华优秀传统礼仪文化，首先要准确理解礼仪和礼仪文化的内涵、元素和功能。

一、礼仪文化的概念界定

研究中华优秀传统礼仪文化，首先要准确把握其相关概念，将礼仪与礼仪文化界定清楚，从礼仪的定义及分类中探究其与礼仪文化的区别，把握其发展规律。从古代开始，不论是在各类文献典籍中还是在日常生活中，"礼仪"一词的出现频率都非常高，"礼仪"虽与礼貌、礼节、礼仪文化不同，但与这些又有紧密的联系。

（一）礼仪的内涵及分类

《说文解字》记载："礼，履也。所以事神致福也。"履有鞋子的意思，也就是指人们在路上行走时所要遵循的行为规范，古代人把与对道德品行的要求相适应的行为称为"礼"，并且让人们都遵守。礼仪在古代社会是统治者维护秩序的重要手段，约束人的思想和行为。除此之外，还包括国家、朝廷、诸侯、军队、祭祀、政治、战争等一切人类活动要遵循的约定，《礼》一书便是先秦时期各种礼仪的礼法汇编。

一方面，礼仪不仅是一种外在的规范现象，也是内在品德的表现，"德爱曰仁，宜曰义，理曰礼，通曰智，守曰信"（《周子通书·诚几德第三》）。只有将敬、诚、仁、义等美德体现出来，"礼"才能成为有源之水、有本之木，才能具有长久的生命力。因为礼仪是一个人内在品质的重要表现形式，所以，如果一个人不注重内在修养，那么即便他有再多的学识和再高的能力也无法得到社会的认同。"礼是中国传统文化的核心"，礼仪是礼的内核，是以约定俗成的方式来表现律己敬人的过程。《礼记·典礼上》第一句"毋不敬"就明确指出礼的核心是敬，也就是说在人际交往过程中要尊重他人、待人谦和、文明有礼，没有尊重就没有礼仪。因此，礼仪还有"敬"的意思，即敬意以及敬神求福的方式、准则，并且针对不同的对象表示不同的程度、不同形式的敬意，礼的设定还具有很强的道德指向。

另一方面，礼仪是人际交往中不可缺少的一种能力，在人际交往关系中，礼仪可以促进人们之间的交往，只要双方都能自觉遵守礼仪规范，就容易沟通感情。礼仪能够协调人际关系，避免不必要的冲突和矛盾。同时，礼仪还能维护社会的安定和谐，纠正人们不正确的行为习惯，倡导人们按照礼仪规范的要求维护社会正常秩序，人人都能发挥榜样示范作用。在日常生活中，规范自身的言行举止，可以对周围的人起到潜移默化的作用。礼仪经过几千年的发展已经形成了一套相对完备的系统，其基本内容覆盖人们日常生活的各个方面，涉及政治、经济、法律等领域，还有哲学、伦理学、社会学、心理学、文学、教育学等领域。

礼仪的内容如此博大精深，因此礼仪的分类也涉及各个方面，礼仪的种类有很多，礼仪的样态也千差万别，但都包含了几种基本要素，有礼法、礼义、礼器、辞令、礼容等。发展到现代，礼仪的分类可以分为角色、职业、群体和习俗等方面。从角色方面，可以分为师生、夫妻、朋友、长辈、晚辈、上级、下级等方面的礼仪。比如，师生之间要遵守的礼仪规范主要表现有学生要尊重老师，信任老师，虚心向老师请教；作为教师就应该平等对待每一位学生，重视爱护每一位学生。从职业方面，可以分为军人、医生、警察、餐饮、空乘、销售等方面的礼仪；从群体方面，可以分为民族、企业等方面的礼仪。

（二）礼仪文化的传承

随着时代和社会的发展，礼仪文化的传承同样需要根据时代的特点和现状进行相应的转化，最根本的也是最有效的方式便是回到家庭、学校、社会当中，将礼仪文化与日常生活紧密联系起来。礼仪文化的传承最终都要落实到个体身上，要做到心中有礼，在对待任何人或者处理任何事情时都要以尊重为出发点，讲文明话，礼貌待人，衣着得体，懂得基本的礼仪常识等。《论语·里仁》中提到："见贤思齐焉，见不贤而内自省也。"要不断地反思、反省，多向榜样学习，规范自身的行为举止。礼仪文化的传承，需要家长努力践行，家长作为学生成长、成才的领路人，更应该注重在日常生活中对学生进行礼仪文化教育。良好的习惯是从小养成的，所以古人非常重视家庭教育，以礼仪文化为基础订立家规、家训。礼仪文化的传承还需要学校加以重视，幼儿园便可以开设与礼仪文化相关的实践课程，学校教育贯穿个人成长、成才的整个过程，需要从思想观念和具体行为上培养学生树立学习和传承礼仪文化的意识，礼仪文化教育对于传承礼仪文化和培育有礼的高素质人才具有重大作用。礼仪文化的传承需要全社会共同努力，以实现人与人之间都能以礼相待、和平相处。

礼仪文化的冲突与碰撞，我们对中华优秀传统礼仪文化的缺漏与疏忽，都在时刻警醒我们，中华优秀传统礼仪文化是中华传统文化的重要组成部分，唯有重视它，才能不断增强文化自信。如今，世界上的各个国家不仅在物质方面日趋同步，文化生活上的交流也日趋频繁。最普遍的物质趋同便是城市的车水马龙、灯红酒绿，汽车、手机、电脑、服装等产品在全世界范围内相互流通，文化方面也加快了交流的步伐，各个国家之间开展学术交流活动，互相派遣留学生和交换生，马克思指出："人们自觉地或不自觉地，归根结底总是从他们阶级地位所依据的实际关系中——他们进行生产和交换的经济关系中，吸取自己的道德观念。"对于中华优秀传统礼仪文化，须认真对待其中有价值的思想和内蕴，理性看待西方礼仪文化，吸收其优秀内容，将其中具有时代性、科学性、合理性的因素进行挖掘、提炼、融合，使中华优秀传统礼仪文化不断地充实并得到新的发展，发挥中华优秀传统礼仪文化对改善当代经济政治环境的作用。

二、礼仪文化的核心元素

中华传统文化内容广博，是民族文明、精神、风俗的总称。随着时代的发展以及中国在国际上的享誉度越来越高，世界各国对这个东方大国充满无限的好奇心与热情，越来越多的人喜爱和赞叹中华优秀传统礼仪文化，越来越多的人热衷于研究中华优秀传统礼仪文化。中国作为四大文明古国之一，中华传统文化一直不间断地发展至今，可以说，中华传统文化无疑是人类世界宝贵、伟大、深邃的精神财富，是当之无愧的璀璨明珠。中华优秀传统礼仪文化内涵丰富，覆盖领域多且广。将中华优秀传统礼仪文化的核心元素理解透彻，有利于中华优秀传统礼仪文化的传承。

（一）尊老敬贤与尊师重教

早在周代，周文王每年都要举行一次"乡饮酒礼"敬老大典。出自《礼记·学记》的尊师重教，是中华传统文化的重要组成部分。尊老敬贤、尊师重教也是中华优秀传统礼仪文化中的重要内容。

尊老敬贤指的是在人与人之间的交往中要尊敬他人，主要体现在对祖宗、国家、长辈、自然界等的尊崇和敬重上，这是中华民族的优良传统。美国心理学家亚伯拉罕·马斯洛提出需求层次理论，讲的是人如果到达了一定的阶段就都会有获得尊重的需求。但要想获得别人的尊重，首先要做的就是尊重别人。尊敬是对人、对事的一种实事求是的态度，是待人真心实意的友善表现，是在人与人交往中表现出来的一种气质和度量。在与人交往时，尊重礼让是礼仪文化的首要原则，要想做到和谐相处，就要尊敬、礼貌待人，只有尊敬礼让，方能创造出和谐愉快的人际交往氛围。尊敬礼让一方面表现为对人不虚伪、不骗人、不侮辱人；另一方面表现为礼貌待人，多礼让他人。所谓"心底无私天地宽"，长久的友谊需要用真心去浇灌，只有真诚对待他人，尊重他人，方能有丰硕的收获。当我们在与他人进行交流时，一定要给对方充分表现的机会，展现出最大的热情，给对方留有余地，这样才能让他人感受到你的真诚和尊重。在古代社会，一个人是否尊老敬贤，是衡量这个人是否具备礼仪的主要标志。纵观中国古代史，有许多君主都非常重视尊贤、敬贤，如齐桓公"举火求贤"、刘备"三顾茅庐"等。当今世界竞争越来越激烈，归根结底是人才的竞争，所以要做到尊重人才、爱护人才，在全社会形成尊重知识和人才的良好环境，不仅要注重思想观念的领悟，也要重视具体行动的落实。

尊师重教也是中华优秀传统礼仪文化中的一项重要内容。古人所列举的应该受到特别尊崇的对象是"天、地、君、亲、师"，教师便是其中的一个。师生关系依旧是现今校园中不可忽视的重要关系，尊师重教依旧是学生最起码的道德。人们总说教师是一盏明灯，照亮我们前行的路，因为学生获得的知识都离不开教师平时的教导。学生在上课时要遵守课堂礼仪规范，不旷课、不迟到、不早退；在教师点名提问时，要积极起立回答问题，不交头接耳，认真完成教师布置的作业。同时，教师除了在课堂上传道、授业、解惑，在生活中也应该像学生的亲人或朋友一般。学生要以谦虚的态度去向教师请教问题，尊重教师的人格，体谅教师。在教师上课之前，学生应先将黑板擦干净，将讲台整理好；在教师生病或精神状态不好时，学生要及时给教师送去慰问。学生可以和教师进行恰当的沟通和交流，与教师推心置腹，真诚地感受教师的用心良苦。

（二）容仪有整与仪式适宜

中华优秀传统礼仪文化提倡容仪有整和仪式适宜。在古代汉语中，义与宜都表示事物要遵循适度的原则。我们要继承和发扬中华民族优秀的礼仪文明，最重要的一点就是贵在适宜，即把握好适度的原则。仪容仪表不论是在古代还是现代，都同样十分重要，古人和现代人都非常注重穿衣打扮，都认为良好的仪容仪表既是对他人的尊重，也是自尊自爱的表现。同时，被包括在仪态举止内的站姿、坐姿、表情以及身体展示的各种行为动作也要得当，即使是一个简单的眼神、一个微小的手势，也可以传递出重要的信息。比如，在家时主要追求舒适，可以穿比较休闲的服装，但是要外出时，就要考虑穿着是否合理、规范。俗话说："良言一句三冬暖，恶语伤人六月寒。"语言是进行情感交流和沟通信息的重要手段和工具，所以在日常的生活中也要遵守正确的言谈礼仪规范。

仪式应适宜，要推动传统礼仪文化的创造性转化和创新性发展。传统的作揖、俯首、磕头等见面方式如今已经转变成了握手等行为，曾经的"老爷、大人"等称谓变成了如今的"先生、女士"。但这些做法只是将不符合时代发展的风俗礼节剔除掉，中华传统礼仪文化中的尊老敬长仍然保留在其中，从"跪拜礼"到"揖让礼""拱手礼"的演变就反映了这一特点。"跪拜"是一种臣服的表示，《礼记·郊特牲》记载："拜，服也；稽首，服之甚也。"《论语·微子》中有"子路拱而立"的记载，后来拱手逐渐成了相见的礼节，废除了原来的跪拜礼，人们见面只需拱手作揖，"揖"是作揖，表示谦让。因此，传承中华优秀传统礼仪文化，最重要的一点是要适宜，要把握好适度的原则，仪式不是越豪华越好，也不是越气派越好，关键在于仪式所表达出来的意义。

三、礼仪文化的当代功能

当今世界各国不仅在经济、政治、军事、科技方面的竞争越来越激烈，在文化方面的竞争也越来越激烈。文化对国家、民族、社会的发展具有不可替代的作用，同时也是一个国家、一个民族安身立命的根本。中华优秀传统礼仪文化作为其中重要的组成部分，同样具有强大的功能。

（一）促进和谐社会的构建

和谐是指不同事物之间相辅相成、互助合作、互惠互利、和睦协调的关系，是辩证唯物主义和谐观的基本观点。中华优秀传统礼仪文化重视人际交往中和谐关系的形成，因此提出了一系列处理人际关系的准则。我国古代的"和谐"，首先，强调的是具有差异的不同事物之间相互结合、统一共存的状态；其次，讲究的是社会呈现出安宁稳定的状态，也就是人与人之间相处融洽；最后，要追求人与自然的和谐相处，遵循事物发展的客观规律。中华优秀传统礼仪文化提倡要建立和谐的思想观念，在社会的人际交往关系准则中贯穿团结合作、互帮互助、安定有序的理念。整个社会呈现出和谐的精神面貌，能够推动经济的繁荣发展、个人的积极向上。

中华优秀传统礼仪文化的本质、价值、功能和意义有着完善的理论体系，并对和谐社会的构建和良好社会风气的形成具有重要的作用，所以，我们要加强中华优秀传统礼仪文化的传承，促进形成和谐的社会氛围和稳定的交际关系。我们需要一种强大的意识形态的凝聚力量，将不同群体紧密联系起来，中华优秀传统礼仪文化的社会功能不可忽视，它可以确保社会的和谐稳定和长治久安，促进社会经济的发展，继承及革新中华民族灿烂的文化。在以和平与发展为主题的当今世界，拥有良好的大国形象已经成为一个国家崛起的重要因素，这种形象和魅力的来源与一个民族的优秀传统礼仪文化有着密不可分的关系。当前，我国的经济和科技实力在不断地提升，在中华优秀传统礼仪文化方面还有很大的发展空间。

（二）改善经济政治环境

当今国际上已经形成一种理性平和、尊重礼让的关系，中华优秀传统礼仪文化为世界各国提供了更多的礼仪文化准则。我国自古以来就推崇仁义为先、以德治国，如"重礼贵和"便是强调要用"礼"来处理各种矛盾和纠纷，以此来达到维护人们生活和谐安定的目的。如今，一个组织、一个企业，甚至整个社会都是由个体按照一定原则有序地组成的，每个人都有自己负责的工作岗位，所有人都有自己要担任的角色，按照规章制度进行分工协作，在各自的岗位上做好自己的本职工作，并与周围的人保持各种各样的关系，包括上级和下级之间领导与被领导的关系，顾客和商家之间服务与被服务的关系，以及不同群体之间竞争与合作的关系等，这些关系的维持需要用严格的章程制度来维持，如工作流程制度、请假休假制度、向上级汇报制度等。许多企业实行奖励激励制度，一年或者一季度进行一次"优秀职工""先进模范"等荣誉称号的评选，从而全面地鼓励全体员工不断提高工作效率。中华优秀传统礼仪文化在其中发挥了重要的作用，不仅能有效地提升全体员工的形象，还能调节员工之间的关系。随着社会经济的不断发展、政治制度的不断完善、文化产业的不断成熟，中华优秀传统礼仪文化在经济政治发展中的作用越来越明显，甚至直接或间接地影响着经济利益和政治效益。如果每个企业都能推崇中华优秀传统礼仪文化原则，所有的职工都懂得中华优秀传统礼仪文化细则，都学习优秀的礼仪文化，恪尽职守，勤勤恳恳地为企业贡献自己的聪明才智，那么企业的发展将会得到较大的改善。

（三）提高个人文明素养

加强对中华优秀传统礼仪文化的学习，能够提高个人文明素养，掌握正确的行为规范，促进人与人之间形成和谐的交往关系，因为"礼"是个人自处及人与人之间相处之道。

个人素养可以通过言行举止和谈吐风范表现出来，学习礼仪文化自然成为提高个人文明素养的重要方式，同时，还可以将中华优秀传统礼仪文化中提倡的内容与自己的言行举止进行对照，不断地反省。中华优秀传统礼仪文化对个人文明修养的要求还强调社会交往，非常注重人际关系的处理。礼仪文化素养高的人，在处理人际关系时表现出来的性格、气质、能力和道德品质都非常符合中华优秀传统礼仪文化提倡的核心素养，在日常的人际交往中会让人觉得舒适。

中华优秀传统礼仪文化要发挥功能，就要提升个人文明素养，就必须使个人拥有强大的内心，绝不能在复杂多变的环境下随波逐流；一定要坚持自己的信念、信仰和原则，通过不断学习、勤于思考、审视自己的言行举止，从而不断加强自己的修养。实践是检验真理的唯一标准，在加强内在修养的同时，还要外化于行。要尊崇礼、安于礼、行于礼，不断将中华优秀传统礼仪文化运用到实际生活中，用"礼"来解决各种矛盾和各种社会问题。

四、礼仪文化的创新性发展

（一）完善礼仪文化教育体系

1. 完善礼仪文化教育的基本内容
（1）秩序教育
礼仪讲的就是一种秩序、一种规矩，有礼才有序，有规矩才能成方圆，社会有秩序才能稳定，因此，要培养青年学生和广大公民形成强烈的秩序意识和规矩意识。公民要自觉遵守社会公共秩序，要自觉排队，在公共场所要注意文明礼貌，不能随地吐痰、随处扔垃圾，不在不可吸烟的地方吸烟，行车走路要注意礼让。近年来，家庭汽车迅速普及，行车礼仪非常重要，许多交通拥堵现象都是由不懂行为礼仪造成的，如动辄开远光灯、动辄按喇叭、抢道、占道、闯红灯、在斑马线上不礼让行人等行为，轻者导致一些不必要的纠纷，重者导致人员伤亡。秩序教育是一个动态的过程，我们要紧跟时代发展的步伐，不断更新礼仪文化教育的内容，分层次、及时地开展社会秩序的教育宣传。

（2）尊重教育

在我国传统礼仪中，"敬"是礼仪教育的核心，因此，尊重教育是礼仪教育的核心内容之一。作为子女，要懂得尊重孝敬长辈；作为学生，要懂得尊敬老师；作为工作人员，要懂得尊敬领导；朋友之间、同事之间也要互相尊重。尊重是一个人立足社会的基本礼仪。开展尊重教育，主要是让人们准确理解平等与尊重的关系，平等并不意味放弃对他人的尊重。平等是人生基本权利的平等，但长辈永远是长辈，虽然文化素质不一定比子女高，社会贡献不一定比子女大，职务不一定比子女高，但子女也不应该失去对长辈的尊重。敬老、养老，并不意味着放弃平等，而是一种维系人类发展的最基本的人类情感。

（3）形象教育

"德成于中，礼形于外。"礼仪是一个国家和民族的社会风貌、道德水准、文明程度、文化特色以及公民素质的重要标志，包括礼仪认知、礼仪情感、礼仪意志品质和礼仪行为等的礼仪素质。礼仪代表了一个人甚至是一个民族的综合形象，它反映了一个人的思想觉悟、道德修养、精神面貌、气质涵养、神韵魅力、文化教养。因此，加强青年学生的形象教育也是礼仪教育的重要内容，形象教育主要包括衣着、举止、语言、行为等方面的文明礼节教育。个人礼仪形象主要体现在形、神、雅、美四个方面。其中，形就是要注意外形的塑造，包括身材、发型、站、坐、行、手势等是否符合礼仪规范；神体现为个人的精神气质，如微笑、倾听等是否具有亲和力；雅体现为外形服饰搭配、着装规范等方面是否清新典雅；美体现为整体形象是否和谐统一。良好的礼仪形象是人的"第一名片"，学校有责任对学生施以形象教育。

2. 礼仪文化教育的主要方法

礼仪文化教育是一个潜移默化的过程，"突击"出来的礼仪很难深入人们的思想。礼仪教育不能像灌输文化知识一样被动地进行，在开展礼仪文化教育时，我们要善于根据不同的教育对象采取不同的教育方法，实现因材施教、因情施教。

（1）礼仪文化教育的主要阶段

礼仪文化教育一般可分为三个阶段：① 学习阶段。学习是礼仪修养的第一阶段。我们知道，人的道德修养的形成需要经过一个"学—思—行"的过程，学习是这个过程的开端，也是关键。学习礼仪思想、礼仪准则、礼仪规范，只有将这些知识熟记于心，才能将其作用于人的行动之中，所谓"博学而笃志，切问而近思，仁在其中矣"（《论语·子张》），"性也者，吾所不能为也，然而可化也；情也者，非吾所有也，然而可为也"（《荀子·儒效》）。② 内省阶段。内省是将礼仪知识变为礼仪思想，并形成自己的理性思维，加强礼仪修养的关键阶段。古人学习历来重视内省，荀子推崇"博学而日参省乎己"（《荀子·劝学》）。也就是说不能"死学习"，要勤于思考、敢于怀疑、善于创新。内省就是思考。学与思是相辅相成的，礼仪教育也同样要在思考中学习、在学习中思考，只有这样才能理解礼仪的本质，掌握礼仪的精髓，使礼仪真正出乎于心、发乎于情。③ 躬行阶段。"纸上得来终觉浅，绝知此事要躬行。"（陆游《冬夜读书示子聿》）躬行就是实践。掌握了礼仪知识，就要按照礼仪的规范要求去实践。努力实践礼仪的各项规定，实地感受验证礼仪的价值与功能，真正实现礼仪作为人生润滑剂的功能。荀子说："不闻不若闻之，闻之不若见之，见之不若知之，知之不若行之。"（《荀子·儒效》）知行合一是辩证唯物主义的实践观，一切知识只有经过实践检验才能判断其是否真理，实践不仅是理论的起点，也是理论的目的。学习礼仪理论知识的目的是进行礼仪实践，用礼仪来提高自身修养，改善人际关系，构建和谐社会。

（2）礼仪文化教育的原则

礼仪文化教育应该遵循三项基本原则：① 感化原则。荀子曾高度重视教育的感化作用，强调礼仪是要以"诚"化民，并指出："君子养心莫善于诚，致诚，则无它事矣，唯仁之为守，唯义之为行。诚心守仁则形，形而神，神则能化矣；诚心行义则理，理则明，明则能变矣。"（《荀子·不苟》）感化比简单的说教更有说服力和感染力，更能够打动人心，能使受教育者从内心深处真正激发出学习掌握礼仪的原动力。② 激励原则。教育要以激励为主要手段，从家庭、学校到社会要形成崇尚礼仪的良好氛围，对懂礼、尊礼、知礼、行礼者应进行弘扬和表彰，对违礼等行为应加以斥责和惩处。要"崇其美，扬其善"（《荀子·臣道》），大力宣扬文明礼貌的先进典型，大行礼仪之风，并在制度上加以保证。③ 因材施教原则。礼仪文化教育要因材施教、以事论理。礼仪文化教育是非常复杂的事情，在不同场合、对不同角色都有不同要求。礼仪文化教育并不是要让礼仪成为束缚人们行为、禁锢人们思想的工具，要注意灵活性和针对性，掌握适度原则，切忌搞"一刀切"。礼仪的目的与作用在于使顽皮的孩子变乖巧，使人们的气质变温和，使人尊重别人，和别人合得来。我们开展礼仪文化教育的目的不是要把每个人都培养成礼学专家，更不能像学习数理化一样进行考试，以分数论英雄，而是要结合生活中的各种小事进行教育，采取互动、直观的教育方法，确保教育的有效性。

（3）礼仪文化教育的常用方法

礼仪文化教育既有传统的常用方法，也有其独特的教育方法。

第一，讲授法。讲授法是一种最传统、最简单、最实用的教育方法，它是由一名教师面对多名学生，系统地讲授礼仪基本知识、礼仪基本理论的方法。这种方法因为其信息量大，知识系统，适合在礼仪教育的前期采用，其目的是提高学生对礼仪的认识，丰富礼仪知识，掌握礼仪发展的历史、基本原理。讲授礼仪的课程不同于其他课程，必须突出全、精、深、活四个特点："全"就是要系统、全面，完整；"精"就是要凝练、准确、精粹；"深"就是要深入、细致、透彻；"活"就是要生动、有趣、多样。

第二，言传身教法。言传身教法是由教育者用自己的言行影响受教育者，使之自觉学习模范，规范自身言行。礼仪作为道德的体现，具有很强的操作性和示范效应，所以，身边人物的言传身教就发挥了重要作用。这就要求礼仪教育工作者自身要有很高的礼仪素质和礼仪修养，要让学生感受到其身上的人格魅力，感受到礼仪所带来的气质、精神面貌和修养情操的变化。注意发挥榜样的示范作用，将礼仪行为规范具体化、人格化，通过榜样真实、形象、生动的言行，增强礼仪教育的吸引力和感染力。

第三，操作竞赛法。操作竞赛是一种十分有效的教学方法，它能够激发学生主动学习的积极性，增强学习的动力，激发学习热情，获得良好的学习效果。比如，一些高校经常开展礼仪知识竞赛、商务形象设计大赛、礼仪才艺展示等活动，既普及了礼仪知识，又起到了很好的示范作用。

第四，实际训练法。礼仪教育最终要由知向行转化，落实到具体行为上。而要养成这种行为习惯，就必须加强实际训练，注意采用分阶段、分项目的训练方法，循序渐进。例如，可以开展个人仪容仪表训练，微笑、语言表达、倾听训练，演讲、应聘场景训练。

第五，案例分析法。案例分析是提高学生思维能力、分析判断能力和解决问题能力的重要途径。通过案例教学，让学生自己理解分析，并开展辩论、交流，启迪思维，学习知识，培养能力。

第六，视频教学法。视频教学是现代教育技术中一种十分常用的教学手段，在当前信息技术、光电技术、传媒技术十分发达的情况下，利用视频技术可以营造良好的学习环境，增强学习信息量，促进师生互动交流，使学习变得更加生动有趣、直观形象，尤其是基于现代传媒技术的虚拟现实技术的运用，大大提高了教育培训的效果。

3. 礼仪文化教育的主要途径

中国古代非常重视礼仪文化教育，主要开展蒙学教育，编写了许多蒙学教材，如《千字文》《千家诗》《弟子规》《弟子职》《习斋教条》等，其中的礼仪思想非常丰富。开展礼仪文化教育必须全社会一起动员，将礼仪文化教育作为长效机制，通过家庭教育、学校教育和社会教育加以贯彻落实。

（1）家庭教育

礼仪文化教育应该从娃娃抓起，而家庭是一个人接受道德教育最早的地方，父母是孩子的第一任教师，因此，家庭教育具有启蒙作用，其针对性、持久性更强。我国古代非常重视家庭礼仪教育，涌现出了许多优秀的教材，如各种"家礼""家规""家训""家诫""家范"等佳作，对传承中华美德，维系家庭、国家和社会关系的和谐稳定发挥了重要作用。家庭礼仪教育的主要形式包括家庭读书活动、家长言传身教、家庭讨论、家庭会议、节日活动、信息互动等。

（2）学校教育

学校是礼仪文化教育的主力军，学校拥有先进的教学设施和雄厚的师资力量，更方便组织礼仪文化教育。学校的礼仪文化教育主要包括大学生礼仪教育和中小学生礼仪文化教育。

大学生礼仪文化教育：提高大学生的人文素质，这是一个十分复杂的系统工程，必须各个方面通力协作。礼仪文化教育是提高学生人文素质的重要环节。大学生经过十二年的基础教育，已经拥有初步的人生观、价值观和基本的自然科学、社会科学知识，分析能力、理解能力得到显著提高，在此基础上加强礼仪教育非常容易。高校应该注意加强礼仪课程的建设，健全礼仪教师队伍，丰富礼仪教学内容。一方面，可以通过开设系统的礼仪课程，如《大学生礼仪修养》，全面讲解礼仪知识、礼仪思想、礼仪准则和礼仪规范；另一方面，可以通过辅导员加强思想政治教育，开展丰富多彩的活动来促进学生日常礼仪的养成。

中小学生礼仪文化教育：礼仪文化教育基本散布在道德与法治课与教师的日常授课中，或者通过规范学校的规章制度、加强严格管理等方式来实现。中小学是人生的关键阶段，特别是中学生正处于青春期，极容易受到各种不良思想和不良习惯的影响，一旦养成不良习惯，要改正就非常困难。所以，在中小学阶段加强专门化的礼仪教育势在必行。学校应该将礼仪教育列入校本课程，不一定要考试或将其作为升学的条件，但一定要让学生爱学、听得进、学得会。

（3）社会培训

通过社会机构加强对公民的礼仪培训也是开展礼仪文化教育的重要途径。这一类教育基本上属于有偿教育，其目的在于培训礼仪文化产业的从业者，如餐饮服务行业的营业人员、礼仪婚庆公司从业人员、礼仪咨询行业从业人员等。

同时，各行各业，特别是文化单位、窗口单位、群众团体，也应该积极开展职工的礼仪文化培训，促进礼仪文化教育制度化、常态化，弘扬文明礼貌之风，使整个社会形成人人学礼、明礼、行礼的良好风尚。企业应该将礼仪文化纳入企业文化建设，加强对职工行为的规范和引导，促进良好风气的形成。

（二）健全礼仪文化激励机制

实现礼仪文化的价值还需要有相应的制度作为保障，通过健全制度，使各种礼仪标准、礼仪规范得以推广实施，奖优惩劣，推广先进典型，弘扬正气。

主要应建立礼仪规范标准体系、礼仪评价制度、礼仪奖惩制度以及礼仪法规制度。

建立健全礼仪规范标准体系，目的是使人们明确礼仪标准。国家应组织人员进行研究，对各种场合和情境下的礼仪行为进行规范，提出行为规范的标准，使礼仪行为有章可循，如公共场合行为规范、行车礼仪规范、旅游礼仪规范、婚丧嫁娶礼仪规范、家庭礼仪规范、企事业单位礼仪规范、学校礼仪规范、政府机关礼仪规范、社交礼仪规范、商务礼仪规范、外事活动礼仪规范等。

建立健全礼仪评价制度，可以结合个人操行绩效评价，对主体的礼仪行为进行评价，制定评价标准和评价方法，还可以建立个人礼仪档案。

建立健全礼仪奖惩制度，可以对人们实施礼仪标准规范的情况进行奖惩，对推出的"礼仪之星"进行正面宣传，树立典型，弘扬先进；对严重违背礼仪规范的行为进行批评、通报、曝光、警告、罚款等处罚。

另外，要加强礼仪法规建设，通过法律对一些重大礼仪活动进行规范和约束，引导人们执行，如《中华人民共和国国旗法》中就规定了对待国旗的礼仪标准。

（三）构建礼仪文化产业体系

发展礼仪文化产业既能直接体现礼仪文化的经济价值，又能为礼仪文化的进一步发展提供源源不断的资金支持。当前，我国礼仪文化产业的经营项目主要集中在以下领域：

一是婚庆产业。婚庆公司是分布最为广泛，也是最常见的以经营礼仪文化为主业的公司，主要涉及婚纱礼服、婚纱摄影、婚礼服务、婚宴、珠宝首饰等行业，甚至会影响家电、家具、床上用品、室内装修、房地产、汽车、旅游、银行保险等行业，形成一系列巨大的产业链条。目前，婚庆产业比较分散，大都为一些中小个体企业经营，缺乏规范性、行业标准和正确的引导。

二是丧葬业。丧葬是中国人十分讲究的一种礼仪文化现象，如今与丧葬有关系的各种支出日渐庞大，包括各种丧葬用品、丧葬服务、墓地、祭奠用品等。这一行业因其巨大的利润受到众多商家的追逐，目前已经形成相当大的市场规模，需要进一步规范，既要实现产业经济效益，又要推广礼仪文化。

三是礼仪培训咨询业。礼仪培训咨询主要是针对宾馆、酒店、旅游、庆典、表演等服务行业开展的各种商务礼仪培训，以及针对各种职场礼仪、涉外礼仪、节日礼仪的咨询服务。培训须取得国家资质，由劳动部门统一组织进行礼仪培训师的资格考试认定。

四是礼仪图书出版、影视作品类。目前，我国关于礼仪的图书、影像资料众多，还有许多影视作品创作也需要消费大量的礼仪服务，这些都属于礼仪文化产业的内容。

五是礼品业。目前，我国是世界上最大的礼品生产国和出口国，全国礼品生产企业超过万家，生产的礼品主要包括国务政务类、商务促销类、节庆纪念类、休闲园艺类、装饰饰品类、票币收藏类等六种。礼品业属于新兴产业，有着巨大的市场潜力，但竞争也异常激烈。

礼仪文化产业的大力发展，有力地促进了人们对礼仪的重视，并普及了礼仪文化知识，有利于促进社会和谐和文化发展。礼仪文化产业具有经济增长功能、意识形态功能、教育和文化传播功能。要充分发挥礼仪文化产业的教育功能，需要政府有关部门加以正确引导，规范人们的行为，促进合理的礼仪文化消费。

参考文献

[1] 艾萍. 优秀传统文化的教育视角研读 [M]. 长春：吉林出版集团股份有限公司，2020.

[2] 程婧. 中国优秀传统道德叙事及其现代转化 [D]. 西安：西北大学，2018.

[3] 从云飞. 中华优秀传统文化 [M]. 北京：华文出版社，2021.

[4] 翟博. 中华优秀传统文化教育导论 [M]. 西安：陕西师范大学出版社，2020.

[5] 朱珊莹. 优秀传统文化传承与创新 [M]. 长春：吉林大学出版社，2020.

[6] 韩晓燕. 新媒体环境下优秀传统文化传播机制研究 [M]. 北京：经济日报出版社，2019.

[7] 李光，肖珑，吴向东. 中华优秀传统文化 [M]. 北京：北京理工大学出版社，2020.

[8] 李欢，张杰，曾菊. 中华优秀传统文化与青少年教育研究 [M]. 长春：吉林大学出版社，2020.

[9] 年仁德，戴淑贞，杨麦姣. 高校中华优秀传统文化教育的设计与规划 [M]. 北京：知识产权出版社，2019.

[10] 亓凤香. 中华优秀传统文化融入思政课教学研究 [M]. 长春：吉林大学出版社，2020.

[11] 秦海燕. 优秀传统文化的传承与创新 [M]. 长春：吉林出版集团股份有限公司，2018.

[12] 邱月南. 中国优秀传统道德对坚定文化自信的价值研究 [D]. 南昌：江西师范大学，2018.

[13] 全晓洁. 教科书中优秀传统文化道德形象的价值传承研究 [M]. 北京：中国社会科学出版社，2022.

[14] 王明生，戴雪红. 文化自信与道德重塑 [M]. 南京：南京大学出版社，2019.

[15] 赵伟峰. 中华优秀传统伦理道德与文化自信的关系研究 [D]. 哈尔滨：黑龙江大学，2019.

[16] 王资博. 我国新时代道德文化自信的系统性论析 [J]. 长白学刊，2020（05）：145-150.

[17] 张凤池，胡守钧. 道德教育的方法与实践 [M]. 上海：上海社会科学院出版社，2019.

[18] 张怀承, 刘磊. 论中国共产党对传统道德文化的继承与发展 [J]. 伦理学研究, 2021（02）: 11–17.

[19] 赵坤. 中华优秀传统文化当代价值 [M]. 桂林: 广西师范大学出版社, 2019.